FICHA CATALOGRÁFICA
(Preparada na Editora)
Coelho, Maria Gertrudes, 1949-

C62s   *A Sacerdotisa do Nilo* / Maria Gertrudes Coelho,
J. W. Rochester (Espírito). Araras, SP, 1ª edição, IDE, 2014.

256 p.

ISBN 978-85-7341-609-1

1. Romance 2. Espiritismo. 3. Psicografia I. Título.

CDD -869.935
-133.9
-133.91

Índices para catálogo sistemático:

1. Romances: Século 21: Literatura brasileira 869.935
2. Espiritismo 133.9
3. Psicografia: Espiritismo 133.91

A Sacerdotisa do Nilo

ISBN 978-85-7341-609-1
1ª edição - março/2014
4ª reimpressão - outubro/2024

Copyright © 2014,
Instituto de Difusão Espírita - IDE

Conselho Editorial:
Doralice Scanavini Volk
Wilson Frungilo Júnior

Produção e Coordenação:
Jairo Lorenzeti

Revisão de texto:
Mariana Frungilo Paraluppi

Capa:
César França de Oliveira

Diagramação:
Maria Isabel Estéfano Rissi

Parceiro de distribuição:
Instituto Beneficente Boa Nova
Fone: (17) 3531-4444
www.boanova.net
boanova@boanova.net

INSTITUTO DE DIFUSÃO ESPÍRITA - IDE
Rua Emílio Ferreira, 177 - Centro
CEP 13600-092 - Araras/SP - Brasil
Fones (19) 3543-2400 e 3541-5215
CNPJ 44.220.101/0001-43
Inscrição Estadual 182.010.405.118
www.ideeditora.com.br
editorial@ideeditora.com.br

Todos os direitos reservados. Nenhuma parte desta publicação pode ser reproduzida, armazenada ou transmitida, total ou parcialmente, por quaisquer métodos ou processos, sem autorização do detentor do copyright.

UM ROMANCE DO AUTOR ESPIRITUAL

ROCHESTER

MARIA GERTRUDES

A Sacerdotisa do Nilo

SUMÁRIO *

🝊 Parte I

1 - THUTMÉS III 11
2 - TEMPLO DE AMON-RÁ EM TEBAS 21
3 - NEÓFITA 25
4 - A INICIAÇÃO 31
5 - O SACERDÓCIO 39
6 - REENCONTRO 43
7 - AULA DE BOTÂNICA 47
8 - DECEPÇÃO 55
9 - SUSPEITAS CONFIRMADAS 59
10 - PREPARANDO CAMINHOS 67
11 - NEFASTA INFLUÊNCIA 73
12 - PLANO VITORIOSO 79
13 - DÚVIDAS 83
14 - FRUSTRAÇÃO 85
15 - LOUCURA 89
16 - NOTÍCIA FRAGOROSA 93
17 - A PASSAGEM DO FARAÓ 99

---

* Os trechos colocados no início de cada capítulo foram extraídos do livro *O Problema do Ser, do Destino e da Dor*, de Léon Denis, editado pela FEB - Federação Espírita Brasileira.

18	- DEIR EL-BAHARI	105
19	- FILHA DE SETH	109
20	- CRUEL DESTINO	117
21	- TRAIÇÃO	121
22	- UM ASTRÓLOGO	129
23	- O CASAMENTO	141
24	- NOVAS FRONTEIRAS	145
25	- KENAMUN	151
26	- MEU REGRESSO	161
27	- DEIR EL-MEDINA	167
28	- NADA FICA PARA SEMPRE	171
29	- NO TEMPLO DE RÁ	173
30	- A VIDA NO VALE DOS LEPROSOS	177
31	- DEZ ANOS DEPOIS	181
32	- A ESPERANÇA	187
33	- TRABALHO COM AMOR	191
34	- CREPÚSCULO ESPETACULAR	195
35	- ZIMBÓRIO	201
36	- NOS ARCANOS DIVINOS	207

Parte II

1 - DEPOIMENTO DE MIRIAN 211

Parte III

1 - DEPOIMENTO DE TAMER 229

Parte IV

1 - NAS FRONTEIRAS DO ESPÍRITO 237
2 - O SALVADOR 243
3 - CONCLUSÃO 247

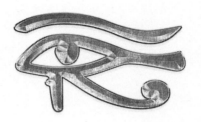

PARTE I

LEMBRANÇAS DE SMEGRITUH

Capítulo 1

THUTMÉS III

> *"Há uma íntima correlação entre os nossos atos e o nosso destino. Sofremos em nós mesmos, em nosso ser interior e nos acontecimentos de nossa vida, a repercussão do nosso proceder."*

Mamãe dizia que eu era filha de Faraó, embora nunca o tivesse visto.

– Smegrituh, menina, acorda!

– Sim, mãe – respondi, erguendo-me do leito e esfregando os olhos, sonolenta.

Era o grande dia, o mais comentado e esperado de toda a minha vida.

O Faraó nos aguardava em seu palácio para me abençoar.

– Não podemos nos atrasar para a entrevista. Lembra-te, filha, de minhas orientações – recomendou-me mamãe, enquanto colocava os pães sobre a tigela na mesa.

O acontecimento era tão significativo, que o guardamos em profundo silêncio.

O meu destino estava escrito nos astros que assinalaram a minha reencarnação, segundo as predições de minha avó.

A velha Sarah, tia de minha mãe, dizia que, no exato momento de meu nascimento, seis astros se cruzaram no céu, prenunciando o meu futuro, portanto, nossa ida ao palácio estava ligada àquele fenômeno.

Eu veria o Faraó.

As previsões para aquele dia eram positivas, conforme a consulta nas tábuas, e tia Sarah era infalível, assim diziam seus consulentes.

Contava oito anos. Franzina e pálida na aparência, porém, obstinada como uma mula selvagem. Meu vestido reto em tons alaranjados, enfeitado na barra com larga franja dourada, fora confeccionado exatamente para aquela ocasião. Minha mãe penteou meus longos cabelos, fez várias trancinhas e, sobre minha testa, colocou uma tiara de conchas e metais, combinando com as cores de meu vestido. Senti-me importante com o ritual dos preparativos.

Tia Sarah misturara ervas no fogareiro; o cheiro e a fumaça envolviam nossa modesta vivenda. Fomos aspergidas com seu turíbulo sujo de cinzas, e suas orações diminuíam nossa tensão.

– Smegrituh, meu sol, como estás linda! – exclamou mamãe, sem conter as lágrimas e agarrando-me fortemente, como se eu fosse evaporar.

– Por que choras, mãe? – perguntei-lhe ansiosa, mesmo sem entender, mas desconfiei de que algo muito sério modificaria nossa vida daquele dia em diante.

Ela nada me disse, no entanto, senti sua dor, parecia que um punhal invisível lhe transpassava o peito, porque arfava e empalidecera como uma lua. Mamãe era de estatura baixa e magra, seus olhos grandes e escuros me fitaram com amor.

— Ó, minha criança, vamos, pois estamos atrasadas! – exclamou, cerrando a porta de nossa pequenina mastaba. Despedimo-nos de tia Sarah que, igualmente, acenou-me com um sorriso nos lábios, beijando o meu nariz.

Era um passeio especial, finalmente, algo muito importante iria me acontecer. Oxalá fosse bom.

※ ※ ※

O grande Palácio não era muito longe. Avançamos algumas ruas e, quanto mais nos aproximávamos dele, mais mamãe apertava a minha mão. Sentia-a emocionada e trêmula, às vezes, hesitante, mas alguma coisa mais forte a impulsionava, o que a fez voltar-se para mim e encarar-me decidida; seus lindos olhos estavam vermelhos, expressando tristeza, nitidamente, muito mais que qualquer palavra ou gesto. Apertou-me em seus braços, sua voz estava grave, mas determinada:

— Smegrituh, lembra-te dos meus conselhos e procura ser correta sempre – recomendou-me, preocupada.

— Sim, mamãe, – concordei sem, no entanto, entender o desfecho daquele passeio singular. Incapaz de expressar-me mais, também a abracei emocionada, com duas lágrimas que teimavam em rolar pela face.

Permanecemos enlaçadas, perdidas na emoção do adeus.

Depois disso, ela se acalmou e diminuiu a marcha ao avistarmos o Palácio real.

No primeiro pórtico, um escravo bem vestido veio nos receber ao pé da escadaria de mármore. Fez um sinal, e o seguimos, entusiasmadas com aquela realeza. O portal, todo esculpido em pedras coloridas, desviou minha atenção.

Comparei o luxo daquele enorme palácio cheio de colunas e desenhos com a nossa humilde casa. Faraó era o homem mais importante do mundo todo. Silenciosamente, caminhamos de mãos dadas, mas o barulho de nossas sandálias sobre o piso de granito, que parecia um espelho, divertia-me. Estava encantada com tanta beleza naquele labirinto iluminado por tochas.

Tyi-Tah, minha mãe, preparara-me para

aquele momento que seria único, talvez o mais forte pela importância que ela lhe dera. Havia meses que não se falava em outra coisa, tudo convergia para aquele encontro.

Talvez, toda aquela ansiedade fosse fruto das reuniões que mamãe e tia Sarah fizeram com a pitonisa Nefer-Ya, que se comunicava com os mortos e confirmava as palavras de minha tia e de minha avó sobre o meu futuro.

As predições da pitonisa correspondiam à expectativa do solene encontro.

Atravessamos as colunas, seguindo o escravo e, finalmente, deparamo-nos com o trono do Faraó, que causou novo impacto em minha mente infantil.

O trono parecia um sol dourado, ofuscando-me a visão. A figura do Faraó pareceu-me a mais forte que os meus olhos já viram.

Ele estava só, aquela seria uma audiência íntima.

Minha mãe arfava tanto, que seu coração parecia saltar do peito à medida que nos aproximávamos dele, aliás, eu também sentia o mesmo. Criara-se tanta expectativa a respeito daquele momento, que, em minha inocência quanto à visita e seu escopo, não consegui entender ao certo o que se passava, mas a ansiedade por estarmos ali em frente ao homem mais importante do Egito, o dono de nossos destinos, atemorizava-me.

Foi então que vi o rosto do Faraó pela primeira vez. O nariz adunco e fino ressaltava nas maçãs salientes.

Seu rosto anguloso e severo abriu-se num meio sorriso, que foi aumentando devagar até aparecer uma dentadura amarelada. Quando fitei seus olhos, me vi envolvida num misto de medo e alegria.

Sustentei seu olhar zombeteiro que parecia me devassar.

Examinou-me como se fosse um espécime raro. Eu, igualmente, observava-o com respeito, mas muito mais com a curiosidade de uma criança.

Ele não disse palavra, porém, sorriu enigmático.

Depois, voltou-se para minha mãe, e conversaram a meia voz. Ao toque de um sinete, um guarda entrou, e vi que o Faraó lhe ordenou algo.

Em seguida, o homem retornou com alguns objetos, que foram entregues à minha mãe. Gesto que significava muito, porque minha mãe sorriu feliz. Mamãe quase não sorria, devido às dores que sentia no ventre.

Naquele momento, as decisões sobre meu destino pesavam. Ficamos em silêncio como se aguardássemos uma sentença.

O Faraó levantou-se, deu um passo e tomou-me pela mão.

Sua mão quente e grossa apertou a minha. Era o conforto de que tanto necessitava.

O Faraó olhou-me carinhosamente, depois fez um sinal lentamente. Seu gesto expressivo fez com que me sentisse tão feliz, que sorri, e meu medo terminou ali mesmo, com aquela benção.

Sua voz grave quebrou o silêncio:

– Todas as vezes, Smegrituh, minha filha,

que tu vires este sinal, serei eu a guiar-te pela eternidade.

Colocou, em meu pescoço, um colar com o mesmo selo para que eu nunca mais me esquecesse da cruz ansata.

– Lembra-te sempre de mim, lembra-te de que a maior e a única religião a ser seguida é a VERDADE! – disse, e seu olhar misterioso pareceu atravessar além das paredes, voou para o céu, foi para o infinito. Senti algo fantástico percorrer minha espinha vertebral: fogo e gelo, ambos queimando.

Tremia como uma vara verde ao vento.

Depois, abençoou-me novamente com o sinal da cruz sobre a minha fronte, meus lábios, meu peito e me falou algumas palavras ininteligíveis e desconhecidas de meu pobre vocabulário.

Daquele dia em diante, eu deixaria a casa de minha mãe para ingressar entre as sacerdotisas do Grande Templo.

O Faraó do Egito, o nosso paizinho, assumia, doravante, a minha educação.

Isto queria dizer que eu jamais retornaria à casa de minha mãe até a idade adulta.

Duas lágrimas rolaram dos olhos de Tyi-Tah ao se despedir. Era a primeira vez que nos separávamos.

Eu não queria deixá-la, mas nada podíamos fazer. Seria melhor assim e, por certo, nos veríamos outras vezes.

Quanto ao Faraó, meu pai, o grande Thutmés III, nunca mais estive com ele naquela vida. Mas sua figura alta e imponente estaria sempre comigo nos meus momentos de maior necessidade.

Capítulo 2

TEMPLO DE AMON-RÁ EM TEBAS

> *"Assim, no encadeamento das nossas estações terrestres, continua e completa-se a obra grandiosa de nossa educação, o moroso edificar de nossa individualidade, de nossa personalidade moral."*

Um escravo conduziu-me ao Templo da Grande Pirâmide. Lá seria meu novo lar, onde desfrutaria de primorosa educação, somente facultada à nobreza do Egito.

Estava consciente daquela grande honra que me cercaria de conforto para o resto de meus dias na Terra.

Ao adentrar o templo luxuoso, senti remorso, pois, deixando minha querida mãe e nossa vida de miséria, percebi que um ciclo se fechava, para outro muito diferente se abrir. Embora minha pouca idade, percebia claramente a plena diferença entre nossas vidas. Confesso que senti ímpetos de voltar e fugir para os braços de mamãe, onde recebera tanto amor e carinho. O futuro desconhecido me assustava.

No entanto, era impossível recuar. Lágrimas desceram pelas minhas faces.

Eu nada podia fazer, senão rezar e cumprir a lei de meu país.

Quando atravessei o umbral daquele pórtico, compreendi claramente que nunca mais voltaria à vida de miséria. Era o meu destino.

No interior do Templo, alguém me aguardava. Ali terminava a incumbência do escravo, ao apresentar-me, solícito:

— Smegrituh, filha do Faraó.

O tom solene daquela frase fez com que me sentisse um tesouro raro, e a importância daquele título encheu-me de orgulho.

A grande-mãe, como era chamada a responsável pelas meninas, estendeu-me sua mão. Ela aparentava uns trinta anos, seu sorriso era maldoso e seu olhar, frio. Sua cabeleira negra dava-lhe um aspecto muito severo e contrastava com sua veste branca lindamente bordada. Ao toque de sua mão, senti grande repulsa, mas me controlei.

– Sê bem-vinda, Smegrituh – disse com falsa entonação, desejando ser gentil.

Ela, igualmente, não gostou da minha pessoa ou, talvez, não gostasse de ninguém.

Acompanhei-a, timidamente, a uma enorme sala ladeada por belo jardim, cujas colunas davam ao terraço, de onde se avistavam filas de tamareiras a contrastarem com o céu azul. Um pequeno lago servia de espelho para a copa das árvores.

Que belo! – pensei, enquanto a grande-mãe se decidia onde me instalar.

※※※

Ouvi vozes vindas do pátio, onde algumas meninas, vestidas com longas camisolas, recebiam instrução. Pareciam felizes, fato que me fez imaginar se eu também ficaria ali tão à vontade quanto elas. Estava tensa e amedrontada, embora extremamente curiosa com a nova situação.

Depois, passamos aos quartos de dormir. Ela indicou o meu leito juntamente com outros, todos iguais.

— Aqui poderás repousar, e neste baú colocarás teus utensílios. Hoje, apenas conhecerás as dependências do templo, mas amanhã, bem cedo, iniciarás teus estudos.

Olhou-me severamente e ordenou:

— Descansa por agora.

Não me sentia cansada, porém, nada falei. Estava agitada e bastante perplexa com o desenrolar dos fatos, queria pensar, descobrir se tudo aquilo seria realmente bom.

Capítulo 3

NEÓFITA

"Todas as correntes do passado se encontram, juntam-se e confundem-se em cada vida."

Vendo-me só, olhei ao meu derredor sem nenhuma empolgação. Depositei minha pequena trouxa no baú. Estava certa de que ali eu teria o essencial para viver, pois Thutmés endossava o meu futuro. Sentia-me solitária, mas segura. Havia completado oito anos de idade, e a roda do meu destino movera-se radicalmente. Elevava-me à cúpula espiritual da nobreza sacerdotal, o ponto alto de meu país.

Depois de colocar meus utensílios no baú, deitei-me no leito de madeira coberto por confortável manta. Espichei o corpo, alonguei os braços como era meu costume e, depois, fechei os olhos. Segurei firme o colar que recebera do Faraó e passei por uma madorra. Meu Espírito vagou e me vi em frente ao Nilo, seus movimentos estavam dentro de mim. Vi os trigais maduros balançando ao vento, preparando-se para a colheita, e cada espiga brilhava sob os raios do Sol e caía novamente ao sabor do vento como se fosse movida por uma grande moenda a rodar sem parar. O Nilo, como fonte de vida incessante, era o cenário em que o Faraó se apresentou à minha frente. Seus olhos profundos e magnetizadores apontaram novos caminhos para o sul.

Certamente, era o meu caminho a seguir.

Assim fiquei algum tempo, não sei se dormindo ou viajando, totalmente estática e imóvel.

Despertei com algumas meninas ao meu redor.

– Smegrituh! És a nova neófita? – alguém me perguntou. – Viemos em nome da sacerdotisa que te deseja ver.

Abri os olhos.

Uma simpática menina estendeu-me a mão.

– Vem – convidou-me sorridente. – Chamo--me Mirian.

Aceitei sua mão e segui-a, com as outras.

Entramos num salão cheirando a comida, era o momento do repasto.

Recebemos sopa de grão-de-bico, pão, leite e frutas, em quantias iguais, colocadas em pequenas tigelas.

Orientadas pela grande-mãe, todas nós ficamos de pé em frente aos alimentos para louvarmos a refeição e a saúde. Depois, comemos silenciosamente, ouvia-se apenas o barulho das colheres nas tigelas.

Ao final da refeição, todas agradecemos aquele alimento. Cada uma lavou sua própria tigela, que foi depositada sobre uma tábua coberta por linho ricamente bordado com motivos de flores e frutas.

Tudo ali respirava limpeza e ordem.

Nossas atividades eram muito rotineiras,

principalmente as coisas básicas da vida: horário de dormir, asseio pessoal, alimentação e lazer.

Iniciávamos nossa disciplina sacerdotal, ou melhor, a nossa disciplina mental. A cada dia, fazíamos novo exercício que nos levava à reflexão interna. Esta era, na verdade, a grande mudança.

Nos primeiros meses, tudo era novidade, e o tempo passou sem que eu percebesse.

Sentia falta de Tyi-Tah. Não podia sequer manifestar minha saudade para não ser mal interpretada, uma vez que recebia ali proteção e carinho.

Às vezes, chorava sua falta em meu cantinho e guardava confiante no fundo do meu coração que o Faraó me facultaria um dia poder revê-la e abraçá-la.

Os estudos e os exercícios ocupavam nossos dias. Não nos davam oportunidade para os folguedos, e nossa mente juvenil era treinada diariamente. Sem que percebêssemos, entre uma atividade e outra, vivíamos uma intensa maratona em que o nosso poder mental se dilatava além das fronteiras do espaço em que nos situávamos.

Éramos treinadas para futuras sacerdotisas do Templo de Amon-Rá. Tudo tinha um real significado: a música, a dança, os gestos e a concentração.

As preferidas seriam selecionadas para servirem à grande casa branca, a morada celeste de Faraó.

Todas nós pleiteávamos a honra de servir ao grande Pai.

Capítulo 4

A INICIAÇÃO

"*A que regras está sujeito o regresso da alma à carne? Às da atração e da afinidade. Quando um Espírito encarna, é atraído para um meio conforme às suas tendências, ao seu caráter e grau de evolução.*"

Oito anos se passaram naquela rotina rigorosa.

O dia amanhecera muito belo.

Eu e as companheiras, enfileiradas, aguardávamos a mestra para iniciar a caminhada no interior da principal Pirâmide.

O jardim salpicado de orvalho exalava aromas deliciosos enquanto as flores pareciam sorrir ao Sol.

O vale verdejante era convidativo, e os primeiros raios solares possuíam luminosidade diferente para mim. Estremeci ao contato dos raios sobre minha epiderme, precisava daquela energia e fui envolvida por uma onda de sublime felicidade, como se alguém estivesse ao meu lado, a acompanhar-me... O paizinho andava comigo. Era Thutmés. Reconhecia sua presença mesmo sem vê-lo.

Aqueles raios tocavam o meu corpo e beijavam minha alma.

– Onde estaria o Faraó? – indaguei a mim mesma, recordando nossa única entrevista.

Se me visse, não me reconheceria, havia acrescentado alguns centímetros à minha estatura e tornara-me uma adolescente esguia. Olhei-me no espelho e fiquei contente com meu aspecto: os lábios vermelhos e carnudos destacavam-se na pele morena, e os olhos negros cintilavam, como nunca, sob cílios longos e espessas sobrancelhas, que lhe emprestavam força maior no olhar. A franja lisa cobria metade de minha testa, e o restante dos cabelos tocava graciosamente os ombros. Sabia ser doce e cruel, dependendo do momento, embora tentasse disfarçar o meu lado ruim.

Nossa alimentação era frugal, tudo regrado e controlado, visando a nossa formação espiritual para nos tornarmos mestras na arte da comunicação dos Espíritos.

Nossa mente, nosso olhar, a expressão do rosto, eram treinados, aliás, nossos gestos e todos os movimentos de nosso corpo expressavam a graça, a leveza e a ordem. O ato de dançar, tocar flauta, sistro ou harpa levava-nos ao transe, exercitando corpo e mente.

Acostumamo-nos ao silêncio e à profunda meditação. O que eu mais queria era me tornar uma sacerdotisa e servir ao Paizinho.

A cada dia, um degrau.

A grande-mãe nos aguardava com tudo preparado no interior da Pirâmide.

Ansiosas, todas as meninas se esmeravam nos adornos de miçangas e pinturas nos olhos.

– Mirian, ainda não terminei de te pintar, e o pó de galena acabou! – contestei.

Não podíamos sair sem pinturas nos olhos.

— Satrê, empresta-me teu pó, estamos atrasadas!

Felizmente, graças a Satrê, terminamos a tempo, era muito importante estarmos belas para a cerimônia.

Torah, nossa instrutora, seguia em frente, éramos doze jovens em fila indiana. Penetramos estreito corredor até uma portinhola cravejada de pedras e adentramos outro portal, trabalhado com vidros coloridos e espelhados. Nada podia dar errado. Após o sinal de Torah, entramos, uma a uma, numa ampla sala hipóstila.

Desafira, a grande-mãe, aguardava-nos ansiosamente para depositar sua bênção sobre as nossas frontes. Se pudesse, dispensaria a sua bênção, mas o ritual apenas estava começando. A um gesto enfático seu fizemos uma meia lua a seu redor.

Sua voz metálica quebrou o silêncio. Sua tez amarelada contrastava com a peruca negra que aumentava sua estatura e mais se lhe acentuava as rugas nos cantos dos olhos; os lábios finos e comprimidos lhe davam um aspecto de bruxa. Decididamente, eu não gostava dela, mas procurei abafar qualquer tipo de influência, porque os exercícios mentais nos levavam ao controle de nossos sentimentos.

Concentrei-me com toda a força do meu ser para afastar qualquer pensamento malévolo contra ela e, finalmente, harmonizei-me, recordando os longos exercícios respiratórios.

– Ó, filhas de Ísis! Sejam bem-vindas ao Oráculo da Grande Pirâmide! – suas palavras ecoaram frias.

A grande-mãe levantou-se e ajoelhou-se com as duas mãos estendidas ao solo e tocou a sua fronte no chão, e nós seguimos seu gesto lentamente.

Esse ritual repetiu-se três vezes e depois a acompanhamos, uma a uma, na mesma ordem, rumo ao grande salão aromatizado e agradavelmente iluminado.

Duas neófitas espargiam incenso e outras, mais reservadas, tocavam flautas e sistros. Os sons continuados e o perfume do incenso exerciam, em nós, agradável calmaria.

Ali se respirava intensa paz.

Nenhum pensamento indigno encontrava eco entre aquelas paredes... Senti-me leve como uma pluma. Olhei para o meu ventre e me senti estranha, estava oca por dentro e totalmente sem pele...

Aquela sensação de agradável leveza não era particularidade minha, mas todas as outras pareciam tão felizes quanto eu... Talvez, fosse efeito do longo jejum.

Total silêncio...

A grande-mãe iniciou um mantra, e nós a seguimos.

Era o momento de atrairmos as forças espirituais, e nossas vozes se misturaram numa cadência tão ritmada que não mais se distinguiam... Apenas o som ecoava pelas paredes e voltava aos nossos ouvidos, penetrando-nos os sentidos.

Não paramos até atingirmos o limite de nossas vozes, para depois ir diminuindo o som até não se ouvir mais nada a não ser o eco das vibrações no ar e, depois, o próprio silêncio.

Foram tantos os movimentos das mãos acompanhando o ritmo, que nos exaurimos. Depois, vagarosamente, diminuímos os movimentos e ficamos extáticas por alguns instantes, com a estranha sensação de estarmos em comunhão com o Etéreo.

Capítulo 5

O SACERDÓCIO

"É na vida íntima, no desabrochar de nossas potências, de nossas faculdades, de nossas virtudes, que está o manancial das felicidades futuras."

Seir, a estrela do Nilo, brilhava sobrepujante. Tudo parecia conspirar para que algo novo acontecesse. Alguns estudantes do Templo de Amon-Rá deveriam se unir ao nosso grupo naquele dia.

Eles eram treinados em astronomia, botânica, aritmética e artes em geral. Dentre as matérias que compunham o currículo deles, a mais importante era o desenvolvimento de seus dons espirituais; dons que os tornariam mestres na arte de curar e assistir ao povo como porta-vozes dos Espíritos. Esses jovens eram igualmente selecionados, uns pelo bom relacionamento social e outros pelas aptidões espirituais que apresentavam desde a tenra idade.

O Faraó determinara as várias profissões e graus da classe sacerdotal para que o templo de Amon-Rá continuasse a distribuir suas benesses sem se expor ao vulgo e aos estrangeiros. Muitos jovens iniciavam no Templo devido à sua habilidade, e todos eram aproveitados, desde os mais humildes serviçais até os nobres escribas. Era necessário passar por um pequeno aprendizado para servir a causa.

Portanto, trabalhar no Templo constituía mais que uma honra, tornava-se um privilégio ser escolhido pelo Faraó ou por seu representante.

Treinados, os mais aptos eram escolhidos para o sacerdócio, tornando-se um orientador do povo em nome do Templo.

Um grupo de jovens do sexo masculino foi selecionado para se unir, naquele dia, ao ritual das sacerdotisas do Nilo.

Eram os encarregados do cerimonial da principal festa do Egito, a chegada do Novo Ano e a comemoração da cheia do Nilo.

A vida se renovava, e todos se preparavam para o ato mais solene do Alto e do Baixo Egito.

Todas as classes sacerdotais se movimentavam num verdadeiro afã para louvarem a deusa da fertilidade.

Capítulo 6

REENCONTRO

"É o homem, por sua própria vontade, quem forja as próprias cadeias, é ele quem tece, fio a fio, dia a dia, do nascimento à morte, a rede de seu destino."

Agradável surpresa estava por acontecer.

Entre a fumaça dos incensos, abriram-se os dois portais laterais, e alguns rapazes entraram.

Agora, o som de suas vozes enchia o salão de suave melodia como uma cantiga de ninar.

Os jovens caminharam até nós e, lado a lado, contávamos doze casais.

Depois, unimos as mãos e formamos um círculo estreito, impenetrável.

Ajoelhamo-nos de mãos estendidas para a frente e, depois, estiramo-nos, por completo ao chão, com a face voltada para baixo. Nossas mãos se uniram pelas palmas, confundido-se como varas estendidas para o alto.

O contato de nossas mãos unidas nos deu, naquele momento, a certeza de que o Egito éramos nós, e a nossa religiosidade era a força de nosso país.

– Somos o Egito, filhos do Faraó, filhos de Ísis!

Ao terminarmos o ensaio da cerimônia da consagração, alguns neófitos haviam colocado, discretamente, tâmaras secas, uvas e ázimo em pequenas tigelas, acompanhadas de sucos.

Era a nossa primeira refeição depois de longos dias em que ingeríamos apenas ervas e leite de cabra. Comemos, silenciosamente.

Desafira levantou-se, e nós a acompanhamos de volta a nossa casa.

Enquanto isso, os meninos também voltavam, seguindo seu mestre.

Na saída, cruzamos nossos pares. Um deles me chamou a atenção, fixou-me sorrateiramente, e seu olhar me fez estremecer, enchendo-me o ser de terna alegria. Tive a exata sensação de uma flecha ter penetrado o meu coração e contagiado, com seu suave veneno, todo o meu corpo.

Foi o momento mais importante de toda a cerimônia. Minha alma se acendeu, como se um toque mágico a houvesse despertado.

"Que belos olhos!" – pensei.

Não podia me virar para observá-lo. Nunca imaginei me interessar por alguém assim...

Mas senti seu olhar acompanhando-me.

E, com essa alegria, retirei-me do salão.

Foi o momento mais encantador que vivi depois da benção de meu pai.

Capítulo 7

AULA DE BOTÂNICA

> *"E se a alma abusar destes dons, se os aplicar às obras do mal, se, por causa deles, conceber vaidade ou orgulho, ser-lhe-á preciso, como expiação, renascer em organismos impotentes para sua manifestação."*

—O sacerdote Menéfres acabou de chegar! Vamos, Smegrituh! – convidou Mirian, apressada, com seu embornal dependurado no ombro.

Havia no ar certo aroma oriundo de várias ervas que o sacerdote trouxera e propositadamente deixara para que percebêssemos as diversas fragrâncias.

Menéfres, cheio de vitalidade, fixava em nós

seus olhinhos espertos ao falar das ramas, e sua cabeça raspada reluzia ao Sol, semelhante a um espelho. Era muito engraçado observá-lo se movimentar, mas não devíamos nos distrair, pois ele viera de longe para ministrar pequeno curso de botânica.

Aprenderíamos a arte de utilizar a natureza para desenvolver os sentidos e a exploração daquelas plantas medicinais em benefício da humanidade.

O Sacerdote Menéfres colocou, sobre a tábua de madeira coberta por um forro de linho, várias folhas e cascas de árvores e, nas duas bordas, espalhou flores secas que conservavam seu perfume.

Distribuiu, para cada aprendiz, uma tigela e começou a explicar o conteúdo das plantas ali depositadas.

Ensinou-nos a manuseá-las e depois a cheirá-las uma a uma. Pegou água fervente e nos explicou a técnica dos chás em ebulição.

Aprendíamos a extrair das raízes toda a sua

força. Porém, o poder curativo de tais plantas era dinamizado pelos fluidos magnéticos que nelas depositávamos, este ritual era o segredo do nosso sacerdócio e o mundo lá fora, com suas conspirações e guerras, jamais poderia saber.

Eu estava encantada com aquele novo aprendizado sobre as ervas medicinais, e em descobrir que, através das raízes, das flores e das sementes, podemos retirar o extrato capaz de curar uma infinidade de males. Estudávamos os óleos medicinais e os perfumes que podiam levar ao transe hipnótico e anestesiar o corpo.

Tornar-nos-íamos médicas do corpo e da alma. Tal possibilidade me colocava num patamar tão importante, que era difícil não me envaidecer. Vaidade que me dominava a mente.

Conquistávamos a ciência de curar. Era a mais alta cúpula daquele sacerdócio.

Em dado momento, fui inteiramente tocada por sua sabedoria. – Como o sacerdote Menéfres podia conhecer tanto e ao mesmo tempo permanecer tão simples? – pensava eu, com os olhos grudados em sua figura miúda, cheia de vitalidade e bom humor. O sábio pareceu ler meu pensamento, porque argumentou:

– Tais conhecimentos deverão ser usados para auxiliar os que padecem de enfermidades, jamais para outros fins. O sacerdote que se envaidecer de tais verdades ou utilizá-las incorretamente, cavará sua própria infelicidade.

Nem todos ali apreendiam aquele saber. Os mais argutos, porém, crivavam Menéfres de perguntas.

Meu coração se rejubilava, mas algo em mim se alterava à medida que tais conhecimentos eram assimilados. Enchia-me de soberba e já não olhava as pessoas com a mesma simplicidade.

Desenvolvia a inteligência, mas a minha essência permanecia tacanha e distante da verdadeira sabedoria.

Foi este o meu grande erro. Motivo que me levou a escrever estas recordações.

Ninguém era capaz de modificar meu caráter.

O conhecimento despertou-me a sede de

domínio, mergulhei na descoberta, mas meu coração se fechava, insensível.

Estudava com afinco todas as plantas e seus aromas, destacando-me pelo interesse.

Mirian acompanhava-me nesses estudos.

Mirian era diferente de mim. Sua sensibilidade me atraiu, porque percebi nela virtudes que me encantavam. Ela conseguia tirar conclusões que me enchiam de despeito, enquanto eu não atingia o seu grau de sensibilidade.

Todas as suas ideias eram por mim captadas e desenvolvidas, juntas formávamos uma parceria, ela pensava e eu executava.

Ela era mais velha que eu, porém, de baixa estatura, aparentávamos a mesma idade.

Mirian era uma artista nata, tudo o que ela tocava tornava-se belo e cheio de terna alegria. Seus traços delicados chamavam a atenção pela alvura de sua tez, que contrastava com os cabelos levemente ondulados e cheios.

Ao contrário dela, sentia-me estabanada e, por mais que tentasse, não conseguia tornar meus adornos tão belos quanto os que ela usava. A sua graça natural enchia-me de ciúmes e inveja.

Embora nossa ocupação diária no Templo, encontrava tempo para pensar no belo jovem e naquele olhar que me arrebatara a alma. Ansiava revê-lo. Ele não me saía do pensamento, até que o avistei nos jardins do templo e travamos um diálogo espontâneo sobre fatos corriqueiros, mas foi o suficiente para despertar em mim um interesse diferente.

Meu contato com rapazes era restrito e nem me dei conta de a afabilidade de Tamer para comigo ser apenas fruto de sua esmerada educação. Assim, acreditei-o também inclinado por mim e alimentei a esperança de ser correspondida.

Procurei, diversas vezes, os lugares que ele costumava estar para cercá-lo com minha presença e chamar sua atenção sobre mim. Sempre educado e atencioso, nem percebia que seus modos distintos me cativaram a ponto de desejar um idílio entre nós.

Nesta vaidosa pretensão, embalei-me num

sonho que me fazia feliz e me abstraía de minha solidão.

Quando era noite, estendia-me no leito, e seu rosto se desenhava na minha mente. Todos os contornos eram ali avaliados, a cor da pele, o nariz reto e grande, a boca que se entreabria num meio sorriso, os olhos expressivos, um tanto ingênuos; a expressão de suas mãos movimentando-se quando falava. A farta cabeleira negra. Enfim, tudo nele me atraía a ponto de pensar nele o tempo todo. Tomei-me de paixão impulsiva e estava prestes a revelar-me sem restrição, aguardando apenas o momento aprazado.

Guardava aquele sentimento oculto porque não confiava em ninguém, era como se Tamer me pertencesse apenas.

Capítulo 8

DECEPÇÃO

> "A ideia que fazemos da felicidade e da desgraça, da alegria e da dor, varia ao infinito segundo a evolução individual."

Certo dia, descemos o Nilo numa barca para estudarmos suas margens e todos os componentes de sua vegetação.

Éramos um grupo de vinte jovens, entre noviços e noviças.

Estes passeios ao ar livre muito nos agradavam, principalmente a mim, porque eles me facultavam a possibilidade de rever Tamer.

Desde a primeira vez que o vi, no Templo de Amon-Rá, não havia um minuto em que ele não estivesse presente em meu pensamento.

Eu o observava muito e atribuía a nossa precária comunicação à sua timidez, enquanto minha imaginação fomentava um idílio romântico.

Aos poucos, fui percebendo que Tamer não me enxergava com a admiração que eu exigia e, que, às vezes, desviava o olhar quando eu procurava ler, em sua alma, se me queria tal como eu. Contrariada, notei que seu olhar pousava diversas vezes em Mirian, de uma maneira muito límpida, cheio de admiração. Era um olhar de amor.

Meu coração encheu-se de raiva, sentimento que tentei abafar o quanto pude.

Esse sentimento aflorou em minha alma, como uma navalha afiada que cortava toda a minha alegria.

Com o cérebro atordoado pelo despeito, nem notei a presença de alguém que se aproximava de mim, enquanto mirava as águas do Nilo.

– Que pensamentos pululam nessa bela cabeça? – perguntou-me José, um dos companheiros da peregrinação.

O moço, cheio de boas intenções, distraiu-me

a atenção. Ele demonstrou visível interesse por minha pessoa. Aproveitei aquele momento e disfarcei meus sentimentos. Ele, apesar de interessante, não correspondia ao meu modelo de homem. Aliás, desde que vi Tamer, qualquer outro rapaz tornava-se sem graça.

José poderia ter sido muito mais que um amigo: elegante e alto, desenvolto no falar, demonstrava grande inteligência e astúcia, seus argumentos eram convincentes. Não fora a forte atração que sentia por seu amigo, talvez me inclinasse pra ele.

– Enganas-te, José, estou apenas preocupada com as informações recebidas sobre o rícino e como aquela rama poderá transformar-se, no futuro, num bem para a humanidade. Porém, se uma mente doentia descobrir suas potencialidades, poderá exterminar alguém.

– Sim, Smegrituh, isto também me ocorre, mas não te preocupes, tais conhecimentos jamais sairão de nossa esfera de estudos, e nenhum de nós terá a audácia de passar aos profanos o que aprendemos aqui.

Calei-me e passamos a falar sobre Tamer, uma vez que os dois jovens eram grandes amigos, e José ser-me-ia útil para estar mais próxima daquele a quem meu coração escolhera.

José, astucioso e inteligente, percebeu logo minhas reais intenções, habilmente disfarçadas, e se deixou interrogar. Assim, consegui extrair dele todas as informações que me apraziam.

Conduzi o assunto com tanta naturalidade, pensando disfarçar os meus sentimentos. Julguei que ele nem sequer suspeitasse o alvo que meus desejos ignóbeis queriam atingir. Jamais poderia supor que minha paixão por seu amigo estivesse tão evidente e que, no fundo, José se divertia.

Satisfeita com suas informações, afastei-me e coloquei, em meu embornal, suficiente parte daquela rama, cuja propriedade medicinal me atraía.

Ninguém percebeu meu gesto e voltamos com aquelas lições preciosas para o futuro de nossas pesquisas e estudos sobre aromas e chás.

Capítulo 9

SUSPEITAS CONFIRMADAS

> *"Cumpre que haja o sofrimento físico e a angústia moral para que o Espírito seja depurado, limpe-se das partículas grosseiras, para que a débil centelha, que se está elaborando nas profundezas da inconsciência, converta-se em chama pura e ardente, em consciência radiosa, centro de vontade, energia e virtude."*

Mirian e Tamer não me saíam do pensamento.

Os dois se tornaram minha frenética obsessão.

A menor possibilidade de vê-los juntos ou qualquer aproximação entre ambos tornava minhas noites um verdadeiro flagelo mental.

Era jovem na idade, mas aquele sentimento

não era novo, possuía a senectude da imperfeição instalada no recesso de minha velha alma coberta de úlceras pretéritas, talvez de um passado em outras eras e antigo continente, que muito me perturbavam o sono.

Onde avaliar tamanho ciúme?

Cheguei a admirar minha rival antes de conhecer Tamer, até que seu interesse pelo rapaz me levou a detestá-la!

Aquele sentimento maldoso fazia-me sentir pior do que eu era. A admiração que eu sentia pela amiga foi transformando-se em raiva, à medida que eu os via juntos.

Passei a observar Mirian em tudo o que ela fazia, pois queria saber se ela correspondia ao mesmo interesse que Tamer lhe votava.

Mas de que me adiantaria saber se ela o amava ou não?

Eu não podia ignorar que Tamer, sem dúvida alguma, pendia para ela como o salgueiro se debruça sobre o Nilo.

Impossível deter a atração que o levava a Mirian. Este era o meu maior desafio.

Ele a queria mais que a mim.

À medida que o casal se unia, eu percebia nitidamente que Tamer se esquivava de mim, causando-me dor e desespero. Nossas conversas não mais o interessavam. A alegria estampada no rosto de Mirian quando ela se virava para ele, e como seus olhos brilhavam, tornavam-na irresistível!

Eu estava enlouquecendo, e nada podia fazer para impedir aquele romance.

Não ouvi nenhum comentário a respeito do idílio. Mas não me conformei em ficar na dúvida, e, para constatar minhas suspeitas, não hesitei em provocar uma reunião entre nós três. Para não me trair perante os enamorados, convidei José, insegura de minhas reações precipitadas. A admiração que José me devotava, de certa forma, proteger-me-ia. Não hesitei em usá-lo como escudo para que meu coração e minhas intenções não me traíssem.

Continuando meu plano, convidei Mirian para um passeio:

– Vamos apanhar amoras, Mirian?

— Claro, Smegrituh, com certeza já estão maduras — respondeu-me a amiga, interessada.

— As varas estão altas, convidemos Tamer e José para nos auxiliarem, pois eles estão próximos ao rio — disse-lhe, demonstrando naturalidade.

O olhar de Mirian brilhou, ou eu estaria vendo coisas, inspirada pelo ciúme?

Ela correspondia, então, ao amor de Tamer?

Fomos até o Nilo por uma estreita passagem que bem conhecíamos e encontramos os dois rapazes colhendo papiros.

À nossa chegada, sorriram animados:

— Olá, que agradável surpresa, belas meninas! — brincou Tamer, com olhos apenas para Mirian.

José aproximou-se de mim entusiasmado com o encontro, seu sorriso malicioso acompanhava meus gestos e ele me cercava de atenções.

— Viemos apanhar amoras — explicou minha rival aos dois.

— As amoras estão aqui bem perto, vamos colhê-las! – chamei-os.

Mirian e Tamer começaram a conversar, esquecendo-se de nós dois.

Engoli minha decepção e me dirigi a José bruscamente:

— Vamos colher as amoras agora! – estava nervosa perante a cena do casal e desejei afastar-me.

Os moços abandonaram suas tarefas por alguns instantes e, prontamente, dispuseram-se, a nos auxiliar a apanhar as desejadas amoras.

O trilho era suficiente para um casal. Mirian e Tamer vinham atrás, vagarosamente, pois tinham pressa em se falarem a sós.

Olhei os namorados lado a lado e, apesar do ciúme que me invadia a razão, reconhecia que formavam um belo par.

José e eu também formávamos um bonito par. Ele, alto e moreno, chamava a atenção, pois, além de elegante, era prestativo. Seu bom humor me deixava à vontade.

As amoreiras estavam repletas de frutos e, com a ajuda dos rapazes, enchemos os cestos num instante.

Toda a atenção de Tamer estava voltada para Mirian. Eu parecia nem existir para ele, aliás, ele fazia questão de ignorar-me.

Não precisava ir mais além para confirmar minhas suspeitas, porque ela, igualmente, correspondia ao seu galanteio.

Fiquei desfigurada pela raiva, fechei os olhos para não vê-los e mordi os lábios. Minha atitude chamou a atenção de José, que perguntou, preocupado:

– Sentes algo, Smegrituh?

– Não, nada, vamo-nos daqui – respondi, expressando minha contrariedade.

José, embora não demonstrasse conhecimento do real motivo de minha súbita contrariedade, procurava cercar-me de atenção como se quisesse me proteger.

O rapaz pareceu me distrair, afastando-me do casal, que logo desapareceu pelas ramagens.

Havia observado minha reação perante o idílio dos dois e disfarçou para não me humilhar ainda mais.

Voltou comigo, calado, respeitando meus sentimentos. Eu estava tão nervosa, que nem me dei conta do caminho de volta nem lembrei de me despedir dele.

A partir daquele dia, minha alma encheu-se de amargura. Tornei-me solitária e deixei-me enrodilhar totalmente pelos funestos pensamentos contra a amiga, que nem sequer suspeitava de minhas emoções.

Não conseguia mais pensar em outra coisa senão em eliminar a minha rival. Infeliz criatura que ousava atravessar os meus sonhos. Ela e sua beleza eram responsáveis pela minha desdita.

Somente eliminando-a, Tamer ficaria livre e poderia corresponder ao meu amor.

Capítulo 10

PREPARANDO CAMINHOS

"Através dos ciclos do tempo, todos se aperfeiçoam e se elevam; os criminosos do passado virão a ser os sábios do futuro."

Aproveite-me da atração que exercia sobre José e deixei-me ser cortejada por ele, no intuito de torná-lo meu aliado. Sabendo-o apaixonado por mim, aceitava qualquer coisa para estarmos juntos e realizar meus caprichos.

Agindo assim, manter-me-ia a par de todos os passos do casal. Estávamos juntos em todos os momentos permitidos à nossa iniciação.

Havia algumas atividades que realizávamos

juntos e, em outras, permanecíamos vários dias sem nos vermos.

* * *

O tempo foi passando, e o nosso aprendizado intensificou-se com o auxílio de novos mestres na escola iniciática, cujo patrocínio direto pertencia ao Faraó. Recebemos aulas avançadas em astrologia e astronomia. Tais conhecimentos eram um privilégio concedido a poucos, e tudo o quanto aprendíamos seria usado em suas futuras expedições e em seu reinado.

Ao final de cada etapa, éramos selecionados e divididos em novos grupos, conforme a capacidade mental de cada um.

Naquele tempo, o sacerdócio havia crescido muito e com ele também crescia o número de charlatões e de templos sem expressão. Aquela situação era oriunda dos novos povos trazidos nas campanhas de guerra e, que, vagarosamente, ameaçava a tranquilidade de nossa gente.

Nosso pequeno grupo feminino deveria

passar por uma dura prova, a sétima dobra da verdade. A ciência psíquica, em exercício pleno de nossas faculdades, faculta-nos-ia o ingresso ao desdobramento espiritual para ações futuras junto ao Faraó.

Em plena lua cheia, no alinhamento dos planetas, seríamos submetidas a intensa concentração e, para isto, teríamos que estar em total isolamento. Nossos estudos aumentaram, pois aproximava-se o grande momento de alcançarmos a graça do sacerdócio mais almejado do país: servirmos ao Faraó.

Cada jovem, em cela separada, seria avaliada por seu mestre.

Mirian e eu fazíamos parte do mesmo ciclo iniciático. Nossas celas estavam separadas apenas por uma parede de tijolos.

Antes de nos isolarmos com os papiros, compartilhamos dos últimos conhecimentos com a principal sacerdotisa, voltados para a iluminação do ser.

— Filhas de Rá, aproveitai o isolamento para a mais profunda meditação sobre todos os conhecimentos a vós confiados nestes anos de preparo espiritual. A cada uma será dado o quinhão de acordo com a sua elevação moral. Fechai os ouvidos aos apelos inferiores e despertai dentro de vós o ser iluminado que existe para se doar aos que clamam no deserto das aflições. Sede a água viva que dessedenta o viajor cansado, a fonte viva do amor que nunca secará porque é eterna. Lembrai-vos de que a vontade portentosa da libertação encontra-se no recesso de vossos seres. Querer e silenciar, ousar e realizar, consistem no domínio completo do eu inferior para a grande evolução espiritual.

Os conselhos principais da grande-mãe não alcançavam eco em minha mente, dominada pelo espírito de vingança.

Quando a grande-mãe colocou sua destra no alto de minha cabeça, estremeci, porque me lembrei do Faraó, de sua bênção e do símbolo que agora recebia dela.

Como pude me esquecer!

Insensata que era, menosprezei o selo real.

Decepcionada comigo mesma, baixei a fronte e segui o ritual.

Em reunião geral, recebemos o material e as recomendações finais. Depois disso, cada uma estaria isolada numa quarentena para as derradeiras provas, no total recolhimento de nosso âmago.

Capítulo 11

NEFASTA INFLUÊNCIA

"A alma deve conquistar, um por um, todos os elementos, todos os atributos de sua grandeza, de seu poder, de sua felicidade e, para isso, precisa do obstáculo, da natureza resistente, hostil mesmo, da matéria adversa, cujas exigências e rudes lições provocam seus esforços e formam sua experiência."

Era minha única oportunidade.

Meu coração jazia envenenado pela peçonha da inveja e pelo micróbio do orgulho ferido. Minha mente já havia tecido o ignóbil plano para eliminar para sempre a odiada rival. Não hesitei em ocultar, nas minhas vestes, minúsculo frasco contendo precioso veneno.

Ninguém poderia perceber que ali, na algibeira interna que eu mesma havia costurado, estaria o líquido fulminante.

Possuída pela ideia fixa, meu corpo, alfinetado por longos arrepios, balançava estremecido. Procurei disfarçar o tremor que me agitava. Torcia para que ninguém percebesse a sombra que me ameaçava.

Logo recuperei o domínio de meu corpo e, recordando as lições recebidas, respirei fundo. Tornara-me mestra nos disfarces de minhas emoções, sabia sorrir e silenciar, ocultando, ao mais hábil psicólogo, os meus verdadeiros sentimentos. Espiguei o corpo e, altiva, caminhei pelo longo corredor junto às outras jovens até as celas, onde, então, separar-nos-íamos.

Mas, ao invés de entrar para a minha cela, colei meu vulto a Mirian. Senti-a estremecer.

– Tenho que te falar! – disse-lhe a meia voz.

Sem perceber minhas intenções, ela aceitou, e juntas entramos no mesmo compartimento.

– Mirian, serão quarenta dias, isoladas.... Teremos longos dias pela frente até concluirmos a iniciação.

A companheira estava aflita, e, mergulhada em meu objetivo, nem consegui perceber sua necessidade imediata e nem me importei com o que ela gostaria de revelar.

– Preciso confessar-te algo, Smegrituh, pois não consigo mais conviver com este segredo – falou Mirian.

– Não temos tempo a perder agora. Após o insulamento, contar-me-ás o teu segredo – respondi, sem lhe dar ouvidos, afoita por continuar o meu plano. Nem sequer prestei atenção ao seu apelo. Tinha que persuadi-la a beber o veneno e desaparecer dali o mais rápido possível.

– Aqui está um remédio que nos fará adormecer. Pensei em ti, que temes a escuridão. Dormiremos por um tempo sem abalar nossa mente e nem a saúde, e o tempo haverá de passar mais rápido. Convido-te a bebê-lo comigo.

Ela olhou-me com seus grandes olhos e disse, para o meu descontentamento:

– Smegrituh, não devemos beber o sonífero, porque faz parte da iniciação estarmos com a mente desperta, por isso, reconheço tua intenção, mas dispenso tal remédio. Não me sinto bem.

Não contava com sua recusa e acabei por morder os lábios de raiva. Respirei fundo e me controlei. Tinha que persuadi-la antes que alguém passasse por ali e me visse pelo buraco onde seria depositada, pela manhã, nossa alimentação.

Além do mais, teria de entrar em minha cela rapidamente e fechá-la por dentro. Depois, não sairíamos mais até que vencesse o prazo determinado.

– Está bem, não te vou molestar – retruquei, fulminando-a com meu olhar frio.

A minha vítima esquivou-se ao meu contato e nada pude fazer.

Deixei-a, porque tive nova ideia, colocaria, em seu alimento, o letal líquido.

– Não me escaparás, ainda que eu perca tudo que já alcancei! – murmurei, revoltada, sem que ela percebesse.

Decidida, olhei-a pela última vez e nenhuma ponta de remorso ou de pena se apossou de mim. Estava fria como uma noite de inverno.

Ninguém nos vira naquele colóquio.

Nenhum barulho se ouvia ao longo do corredor, e a escuridão estava prestes a descer sobre nossas vistas.

Alguém depositou uma jarra contendo água, e outra, contendo leite e uma bandeja com pão. Esta seria a nossa primeira e única refeição. Cada cela continha uma portinha que era fechada pelo lado de fora. O serviçal ia até o final do corredor e, após deixar os objetos, voltava para fechar as portinholas. Era a minha chance e sutilmente consegui apanhar o jarro de leite e nele deitei o veneno.

Troquei o meu jarro pelo de Mirian.

Jamais alguém poderia suspeitar da minha sinistra façanha.

Pensava somente em Tamer e em conquistar o seu amor, afastando, de meu caminho, a odiada rival.

E assim foi feito.

Capítulo 12

PLANO VITORIOSO

"Para apreciar a claridade dos dias é mister haver atravessado a escuridão das noites."

A noite desceu cálida, e o silêncio tomou conta de tudo. Minha mente superexcitada não conseguia relaxar, atenta a qualquer barulho.

Ouvira os gemidos de Mirian através das paredes, ou seria minha impressão? Agucei meus sentidos, procurando ver o que se passava além. Imaginei-a contorcendo-se como uma cobra pelo chão, sufocada e vermelha. Senti que ela queimava por dentro. Depois, os gemidos cessaram. Fiquei esperando novos barulhos, mas o silêncio era total.

Aquele silêncio frio me fazia arrepiar inteira. Esperar o amanhecer seria cruel para quem desejava um resultado imediato. Sua agonia teria terminado?

A escuridão cobria nossas celas. A expectativa abalou meus nervos e, mediante o fato, perdi o equilíbrio e comecei a chamá-la.

As outras neófitas ouviram meus gritos, mas não entenderam o que se passava. Houve um tumulto de vozes e alguns rangidos de portas. Receosa, aguardei uns instantes.

Tal era meu estado de excitação, que acabei rompendo a barreira e saindo da cela, porém, na escuridão, não se enxergava nada.

Voltei rapidamente para a cela ao perceber que um vulto se aproximava. Prendi a respiração e encolhi-me na parede até a pessoa passar.

Deitei-me e não me atrevi a me mexer, certa de que meu plano saíra vitorioso com a morte de minha rival.

Também não conseguia fechar os olhos e podia ouvir as batidas desordenadas do meu coração.

Ajeitei-me no leito e tentei ficar imóvel como fôramos treinadas. Assim, poderia captar os barulhos mais distantes. Queria me certificar de que ela havia passado para a mansão dos mortos, onde deveria ficar para nunca mais me aborrecer.

No entanto, não consegui vencer a agitação interior que descompassava o meu peito. Longe da verdadeira concentração, apenas exteriorizei meu desejo ignóbil.

Olhos abertos no vazio, um calafrio percorreu-me da cintura até a raiz dos cabelos e, lentamente, desceu até os pés, e agitei-me toda, sem conseguir controlar o acesso que me invadiu.

Tive uma crise cataléptica e me vi fora do corpo. Estaria eu também passando pelo fenômeno da morte?

Nenhum músculo de meu corpo se mexeu, tal foi o estado letárgico em que entrei.

Meu cérebro não conseguia raciocinar, figuras esquálidas vinham em minha direção, tudo rodava à minha volta, e desmaiei sem perceber onde me encontrava.

Assim fiquei em tempo indefinido. Quando acordei, vi bastante confusão no corredor, todos estavam demasiadamente agitados.

Será que já teriam descoberto a minha vítima?

Ou eu estava presa de alucinações?

Viriam os mortos me cobrarem?

Eles que tudo veem e sabem?...

Os mortos não falam, são sombras que transpassam paredes e portas, mas não falam...

Este pensamento, ainda que errôneo, acalmou-me.

Não sei precisar o tempo que se passou.

Certamente, o corpo de Mirian fora descoberto.

Ninguém poderia suspeitar de mim se continuasse em minha concentração. Tratei de ficar quieta, ignorando o que se passava lá fora.

Capítulo 13

DÚVIDAS

"O pensamento e a vontade são as ferramentas por excelência, com as quais tudo podemos transformar em nós e à roda de nós."

Nossa iniciação estava programada, e nada poderia alterar o ritual.

Para mim, no entanto, ela havia se encerrado ali, pois não conseguia me controlar e meu Espírito pareceu vagar num labirinto de perturbação.

A cela ao lado permanecia em total silêncio, e eu adivinhei que ficara vazia, pois ouvira passos da nossa provedora de alimentos.

Teriam recolhido Mirian?

Não podia sair e nem perguntar coisa alguma.

Aquela expectativa estava me torturando.

Passávamos pela prova do silêncio. Era proibido falar.

O restante das noites tornou-se verdadeiro pesadelo. Mirian vivia dentro de mim. Seu olhar e seu sofrimento me faziam enlouquecer. Em minha alucinação, Tamer também me visitava. Olhava-me severamente, causando-me profunda vergonha, acrescentada de grande frustração.

Eu o via abraçar Mirian e aconchegá-la ao peito e, quando tentava alcançá-los para arrebatá-la, ela me fugia como uma nuvem que se desfaz.

Meu cérebro ardia, e meu peito arfava. Sentia-me enfraquecer dia a dia.

Senti um grande alívio quando se encerrou a primeira etapa do insulamento e, finalmente, inteirar-me-ia do desfecho da companheira.

Capítulo 14

FRUSTRAÇÃO

> "*A sensação do remorso é uma prova mais demonstrativa que todos os argumentos filosóficos.*"

Assim que saí da cela, corri, ansiosa por saber do paradeiro da vítima. Temia perguntar, receosa de trair-me, mas estava certa de que ela havia feito sua passagem pelo tribunal de Osíris.

Em nosso retiro, havia uma grande muralha que nos isolava do convívio popular. Esse fato, com certeza, protegia-me de qualquer suspeita, mas por mais que tivesse curiosidade em saber sobre Mirian, o que fizeram de seu corpo, para qual embalsamador ela teria sido levada? – não me atrevia a perguntar.

Até que finalmente criei coragem e procurei Soraia, uma das nossas companheiras, na tentativa de descobrir algo.

– Soraia, por mais que procure, ainda não avistei Mirian... Sabes onde ela se encontra? – simulei naturalidade.

Soraia fitou-me dentro dos olhos e respondeu com evasivas, aumentando minha aflição:

– Não sabes o que aconteceu? És a única. Ela não poderá terminar a iniciação...

– Como assim, se é uma das preferidas?! – perguntei-lhe, demonstrando espanto.

– Dizem os sacerdotes que ela sofreu uma síncope mortal durante o isolamento, e foi levada às pressas.

– Que horror! Conta-me o que sabes, pois desconheço esse fato! – tornei a ela, fingindo-me surpresa, sem conseguir disfarçar um sorriso maldoso.

– Espanta-me, Smegrituh, não saberes, pois andavas sempre com ela e o namorado. Eu, sim, que nada sei sobre o fato, apenas este relato foi passado de boca em boca. Os sacerdotes não deram mais explicações, porque a família de Mirian interferiu e levaram-na daqui.

— Como assim? Nada sei, encontrava-me totalmente insulada! — expliquei ansiosa. — Tens ideia de onde ela se encontra neste momento?

— É o que todos desejam saber... Para minha estranheza, as sacerdotisas e os sacerdotes do Templo de Amon- Rá se calaram. Acredito que algo além deve ter acontecido...

Mediante minha palidez, Soraia indagou:

— Gostas tanto dela...? O que se passa...?!

A jovem nem teve tempo de terminar a pergunta, pois caí em seus braços.

Ao me ver desfalecida, Soraia começou a gritar:

— Por Amon, ajudem-me!

Alguém veio atraído pelo grito, e fui imediatamente socorrida.

Todos pensaram que meu desmaio era oriundo da perda da amiga.

– Coitada! Elas eram muito unidas! – alguém exclamou, vendo-me tão pálida.

Medicada, logo reagi e recobrei meu domínio, apesar do desespero. Como? Ninguém sabia onde estava minha rival?

Aquilo me apavorava e constituía minha punição.

Nem as companheiras de noviciado sabiam do paradeiro de Mirian. Não me animava a perguntar à grande-mãe.

Senti que me olhavam desconfiadas e desisti da busca.

Havia um mistério no ar que me ensandecia.

Capítulo 15

LOUCURA

> *"Quando o homem já não tiver segredos, quando se lhe puder ler no cérebro os pensamentos, ele não mais se atreverá a pensar no mal e, por conseguinte, a fazer o mal."*

Sombras densas pululavam em minha mente culpada, sentia olhares desconfiados em todos os transeuntes e, constantemente, ouvia alguém me chamar, e quando voltava, apenas via um vulto escuro, que logo desaparecia.

Minha fronte doía, e eu receava ser descoberta, porque me era difícil disfarçar a ansiedade.

Assim, tornei-me taciturna e retraída.

Perdi toda a alegria.

Não tive coragem de procurar Tamer, e José pareceu-me distante.

A lembrança daquela noite continuava viva, mas de Mirian nenhuma pista ou notícia. Acreditando-a morta, tomava o vulto escuro como o espectro de Mirian a seguir-me.

Dias após, recebi um comunicado que me fez tremer:

— Smegrituh, nossa grande-mãe aguarda-te, nesta tarde, na sala de audiência.

A serviçal transmitiu o recado, deixando-me confusa.

— Espera, Nefer! – gritei, mas a moça saiu rápido, sem outras palavras – corri atrás dela, sem resultado, pois ela já havia desaparecido pelas colunas.

Todos se afastavam de mim ou era minha impressão?

Aliás, a única pessoa que me fazia companhia era Mirian e justo ela fora subtraída daquele modo. O que fizera?

Uma ponta de remorso me remoeu o coração. O fato de ter ido tão longe, agora, modificava o meu destino.

— Não matar — era um dos códigos explícitos de nosso aprendizado, aliás, o mais importante.

A morte não era o fim, mas o recomeço. Assim falavam os mais eminentes sacerdotes do Templo de Amon.

Quantas vezes ouvimos Xanufrê?

Belíssimas lições!

Conceitos que nos levavam a raciocinar sobre a vida, instigando nosso Espírito a avançar retamente para o sol milenar, que tudo ilumina, para o olho da verdade, que tudo vê e retém.

Eu temia a luz. Até o Sol me fazia mal.

Capítulo 16

NOTÍCIA FRAGOROSA

> *"Mais cedo ou mais tarde, todo produto do Espírito reverte para seu autor com suas consequências, acarretando-lhe, segundo o caso, o sofrimento, uma diminuição, uma privação de liberdade, ou, então, satisfações íntimas, uma dilatação, uma elevação do ser."*

Passei o resto da tarde engolfada nas mais estranhas conjeturas, enquanto aguardava o momento de estar com a sacerdotisa-mãe.

Teriam me descoberto?

Mirian sobrevivera e me delatara?

Se estivesse morta, em qual sala mortuária teria sido guardada?

Por que ninguém se referia a ela?

Afinal, eu estava enlouquecendo com aquele mistério.

As horas tornaram-se enfadonhas, e a expectativa consumiu meus nervos. Trêmula e irritada, finalmente, cheguei à sala de audiência.

– Smegrituh, filha do Grande Faraó, aproxima-te! – ordenou nossa mãe ao me ver na soleira, parada como uma múmia, ante o tribunal de Osíris.

Ela olhou-me, devassando meu interior.

– O que se passa contigo?

Receosa de ter sido afinal descoberta, não conseguia emitir palavra, tinha os nervos à flor da pele.

– Estás doente, Smegrituh? – perguntou-me, aproximando-se de mim.

Encontrava-me muito nervosa para responder, e minha atitude a intrigou tanto, que senti seu hálito em meu pescoço como uma onça a farejar a presa.

Nada respondi. Ela, irritada, disse em tom azedo:

– Não sei o que te acontece. Lamento dizer que foste reprovada. Tua conduta ficou a desejar durante o insulamento. A prova do silêncio na porta da meditação... – seu olhar pareceu atravessar minha mente, e a ironia com que me dava a notícia me enfurecia.

Teriam me descoberto? – indaguei para mim mesma, confusa.

Para meu alívio, a grande-mãe continuou:

– Não ultrapassaste o umbral e terás agora que percorrer novamente o caminho. Aconselho-te, Smegrituh, a procurar o sacerdote Mesiqueb e tratar tua enfermidade, tens o organismo debilitado e conduta alterada. Além do mais, não prestaste auxílio à Mirian, tua fiel companheira... – explicou, referindo-se ao acidente no corredor.

Sua voz parecia vinda das entranhas do inferno, e meu cérebro ardia.

Encontrava-me perplexa, tudo o que mais

queria era conquistar o grau de sacerdotisa, mesmo que fosse a primeira etapa. Naquele momento, a vida deixou de ter sentido, e eu perdi o controle.

Meus nervos estavam demasiadamente abalados, minha mente, confusa e, junto à grande-mãe, encontrava-se o espectro de Mirian a olhar-me, severa.

Num ímpeto de fúria, ataquei-a descontroladamente.

– Bruxa! Que os raios te partam ao meio! Que o templo desabe inteiro sobre tua cabeça! – gritei, nervosa.

Não sei se golpeava a grande-mãe ou se atacava Mirian, pois suas fisionomias se misturavam, rindo do meu descontrole.

Meus gritos atraíram serviçais, que me imobilizaram e me retiraram dali rapidamente.

A grande-mãe, descabelada pelo ataque, não conseguia explicar o ocorrido. Surpresa, sem piedade alguma, ela sentenciou, chamando-me louca.

O fato teve assustadora repercussão no Templo e acabou por sair das portas para o grande público, atingindo várias camadas de serviçais. Estava para sempre perdida.

Ingressara ao noviciado como filha do Faraó, o que me havia facultado determinadas regalias, e agora, meu pai encontrava-se doente, bastante debilitado para se preocupar com minha pessoa. Todos se voltavam para a sua despedida. Sem dúvida alguma, não era o momento ideal para qualquer reivindicação de minha parte.

Perdi as benesses que me mantinham no patamar da classe nobre do Egito e, tal qual a uma escrava comum, isolaram-me para tratar daquela enfermidade. Levaram-me para lugar distante e desconhecido, onde permaneci em semicativeiro.

Era uma espécie de abrigo para pessoas doentes e sem família. Os que se encontravam fortes o suficiente podiam sair. A discriminação, no entanto, era medonha, e ninguém se arvorava em deixar aquele redil, receoso da sociedade e da sua indiferença.

***

Relutei contra a minha situação, alegando ser filha do Faraó, mas não obtive crédito algum. Meu pai encontrava-se muito doente e inacessível, a guarda protegia todo o palácio, e os médicos impediam qualquer aproximação.

Semanas se passaram, e fui totalmente esquecida.

Capítulo 17

A PASSAGEM DO FARAÓ

"Sem dúvida, as falhas do passado recaem sobre nós com todo o seu peso e determinam as condições de nosso destino."

A alimentação era tão pouca para tantos doentes que a escassa guarda fechava um olho para os fugitivos.

Naquele dia, os guardas haviam arrefecido seu controle, e ninguém nos impedia de sair. Armei-me de coragem e me afastei do desagradável local. Por sorte, encontrei um bando de ciganos que me deu asilo e com ele parti para Tebas, livrando-me daquele antro de dementes.

A terra dos Faraós, abarrotada de estrangeiros, sofria mudanças radicais. O grande Pai agonizava em seu trono de ouro.

Ao adentrarmos em Tebas, percebi algo inusitado.

O povo, fora do Palácio, aguardava a fatal notícia que paralisou a metrópole, pois todos dependiam do Faraó.

Despedi-me dos ciganos, confusa.

– O Faraó fará sua passagem! – exclamavam nas ruas.

A notícia causou profundo silêncio, silêncio esse quebrado por um cortejo de carpideiras que gritavam desconsoladas.

Agourentas e negras, as mulheres carpideiras dirigiam-se à casa real. Ao vê-las, senti súbito mal-estar, como se o mundo estivesse prestes a desabar. Estarrecida com a sucessão dos fatos, não sabia o que pensar, porque eles me atingiam profundamente.

Sem o amparo de meu pai, o que seria de

mim? Onde estaria minha mãe? Que ironia do destino, logo agora que voltava!

Lembrei-me dela, justamente no dia em que atravessamos de mãos dadas a rua que dava acesso ao Palácio. Encontrava-me agora na estaca zero de minhas expectativas. Recordei-me do Sol, que brilhava como nunca, e que, agora, me parecia opaco.

Olhei para o alto do firmamento, buscando o disco solar, e, apesar do calor, avistei apenas o clarão: o tempo estava abafado, cheirando à morte.

Pressenti que nada seria mais como antes. Nem o brilho do Sol, nem o brilho do Paizinho.

Nem o Egito seria o mesmo depois de Thutmés, o guerreiro de aço. Meu pai, que parecia eterno, acabara-se como todos.

Como podia o Faraó morrer?

Visualizei os colossos enfileirados. Os belos jardins repletos de buganvílias ornamentavam os templos. Havia prosperidade no ar, trabalhadores incansáveis, que abasteciam os celeiros reais, transmitiam energia. Jamais se viram tantos escultores transformando pedras brutas em belas estátuas. A arte egípcia atingia seu auge na delicadeza dos contornos e na expressão mística de seus rostos cunhados em pedra. A nossa vida era retratada em sua lirial singeleza.

Belíssimos jardins enfeitavam as paisagens de Tebas, que se rivalizavam às de Memphis.

Thutmés III, inimigo implacável da antiga faraona, teimava em destruir seus monumentos. Implacavelmente, destruíra quase todas as estátuas de Hatchepsut, vingando-se daquela mulher que tanto o humilhara.

Dedicou-se ferreamente em anular a grande matriarca de Tebas, como se fora necessário. Pobre Paizinho, em cujo reinado, efetuara tantas conquistas! Thutmés havia tornado o Egito o reino mais poderoso de todas as civilizações, só isto o imortalizaria. No vale do Nilo, na fertilidade de seus celeiros, na expansão de seu território, depositara a sua fé de guerreiro. Nem o brilho real da Rainha do Egito apagaria o esplendor de suas ações!

O Baixo e o Alto Egito pranteavam o Faraó

e seu reinado de três décadas. Thutmés, após ter conquistado o Mediterrâneo, afastara-se das guerras para gozar seus últimos anos no incentivo às artes egípcias, na construção de templos, onde jovens, como eu, desenvolvíamos os valores espirituais para a honra de nosso país. Jamais se viu tantos estudantes dedicados! Thutmés desfrutava da convivência com seu filho amado Amen-hotep, preparando-o para o futuro reinado. Adorado pelo povo, tornara o Egito tão formoso, que nem Babilônia se lhe igualava em beleza.

Capítulo 18

DEIR EL-BAHARI

> *"Por mais admirável que possa parecer à primeira vista, a dor é apenas um meio de que usa o Poder Infinito para nos chamar a si e, ao mesmo tempo, tornar-nos mais rapidamente acessíveis à felicidade espiritual, única duradoura."*

Deir el-Bahari guardava colossal construção destinada às exéquias do grande rei, enquanto que propositadamente esquecido se encontrava o túmulo de sua inimiga, parcialmente demolido.

Sicômoros e palmeiras emolduravam os jardins do Palácio, guardados por extenso muro de pedras.

Nômades do Saara, oriundos das regiões da

Líbia, adentravam os territórios egípcios. As tendas espalhadas comprometiam a paisagem calma do deserto. O vale da Rainha tornara-se chamariz de pilhadores estrangeiros, pois a escassa guarda era insuficiente para defender tão grande território.

O velho Egito, com suas portas escancaradas para os forasteiros, entrava em nova fase.

Sem rumo, fui para Deir el-Bahari, cujo abandono era visível. O grande palácio, danificado pela inveja e vingança de meu pai, enchera-se de viajantes em busca da próspera região e de escravos hititas que se escondiam dos trabalhos forçados.

Alguns velhos oficiais, apegados ainda à memória da Rainha Faraó, ali permaneciam, defendendo, com a própria vida, seus tesouros incontáveis.

Restava-me apenas este antro de ladrões, onde me abriguei até que a roda do destino novamente girasse em meu favor.

Linda estátua da Faraona chamou-me a atenção, Hatchepsut, Filha do Sol. Seu olhar distante pareceu, por um momento, fixar-se em mim, rindo de minha desdita.

Senti um arrepio seguido de tremor. Apesar de jamais tê-la visto, secretamente cultivava admiração por sua ousadia e sua grande inteligência, pois minha mãe, quando morara no Palácio real, desfrutara de sua convivência e, constantemente, comentava com tia Sarah sobre sua atuação e como havia perseguido Thutmés e todos que o defendiam.

"Nem os mortos descansam! Continuam no além-túmulo sufocados por sua vingança e suas preferências!" – pensei, sentindo na própria epiderme o mistério que continuava naquela cidade repleta de histórias. O vale dos Reis enchia-se, igualmente, de artesãos compenetrados em destruir a lembrança da Rainha rival de Thutmés, para colocar sua imagem em outro colosso ali levantado.

✳ ✳ ✳

No entanto, nada daquilo me fazia sentido. Precisava encontrar um meio para sobreviver e fazer valer meus direitos como filha do Faraó. Não me esquecia de Mirian, e minha alma somente descansaria após saber seu paradeiro. Ninguém desaparece assim, sem vestígios.

Eu era agora uma pessoa comum. Aproveitei a relativa liberdade enquanto todos se voltavam para as exéquias de Thutmés.

Envergonhada de minha própria condição, não tive vontade de procurar minha mãe e nem minha tia, pois, perante os fatos, não suportaria mirar os olhos de mamãe. Talvez, quando me recuperasse da minha desdita, pudesse retornar à casa materna...

Expulsa do Templo, mal vestida, não sabia como prosseguir, pois não tinha amigos.

Servi-me da confusão instalada próximo ao Palácio e procurei conseguir um favor. Tentei penetrar no Palácio Real, mas fui barrada. Não me dei por vencida e mostrei ao guarda o meu amuleto real, a preciosa oferta do Faraó. Meu amuleto abriu as portas do Palácio, porém, maltrapilha como estava e sob o olhar de desconfiança do oficial, fui encaminhada aos cômodos inferiores.

O Egito cobriu-se de luto.

Capítulo 19
FILHA DE SETH

> *"Gozos e sofrimentos, prazeres e dores, tudo isto, Deus distribuiu na existência como um grande artista que, na tela, combina a sombra e a luz para produzir uma obra-prima."*

Passaram-se algumas semanas e, naquele alvoroço, procurei o Templo às escondidas, a fim de obter notícias de Tamer, acreditando que Mirian estivesse morta.

As portas do Templo da Iniciação encontravam-se cerradas para mim. Conhecia os caminhos que me levariam a Tamer. Após espreitar por algumas horas, encontrei o moço fora do Templo. Quase não o reconheci, pois tinha a cabeça raspada e emagrecera.

Saudei-o sem graça, mas percebi certa desconfiança em sua saudação. Sua indiferença era pior que a morte.

Envergonhava-me de meu gesto perante o tribunal de seu olhar. Sem muito assunto, indaguei sobre José e fui informada que ele voltara para o seio da família, porque seus pais necessitavam de sua presença, e assim que terminasse seus compromissos familiares, retornaria ao Templo.

Quantas mudanças em tão pouco tempo... – refleti por um momento.

Eu mesma me sentia outra pessoa, amarga e envelhecida.

Observei Tamer, e a paixão violenta, que me suscitara a ponto de perder o que me era mais importante, o meu sacerdócio, invadia-me novamente o íntimo. De qualquer maneira, sua indiferença me magoava, e eu estava muito mal para lhe insinuar qualquer interesse feminil.

Não entraria no Palácio real como princesa

e nem como uma sacerdotisa. O que me restara afinal?

A mistura de ódio, decepção e temor acabou por sufocar aquele sentimento estranho que agora desejava expulsar da minha alma com toda a força do meu ser.

Estaria eu recuando?

Estaria eu me punindo?

Tudo o que mais queria era o seu amor, o seu reconhecimento.

Tudo o que eu mais queria esvaía-se como fumaça ao sopro do vento.

Perdera a vivacidade, tornara-me cega para a beleza, para a arte.

Até que ponto o espectro de Mirian se interferia entre nós?

Sentia meu sorriso amargo.

Ferira a pura lei que imperava em nosso templo.

Não matarás!

Não vingarás!

Sentia-me a própria filha de Seth, ofendera a ordem da divindade suprema.

Aquilo estava marcado em minha mente, em meu Espírito.

Tentei me controlar, comportar-me o mais natural possível, enfim, encontrava-me certa de que Mirian estava morta.

De certo modo, a minha presença o incomodava e me pareceu esquivar-se, porque mal respondia às minhas indagações.

Lacônico e sério, Tamer parecia uma esfinge. Seu silêncio desassossegava-me, e acabei desabafando:

– Lamento, Tamer... Deves estar arrasado com a morte de Mirian!... – arrisquei, procurando notícias concretas sobre ela.

Seu olhar, como se fosse uma águia, voltou-se severo, e me arrependi de ter falado.

– Graças a Anassés, Mirian safou-se da morte instantânea, porém, sua saúde necessita de cuidados maternais, e ela voltou para a casa de seus pais, adiando seus votos sacerdotais. É uma pena, porque pretendia unir meu destino ao dela tão logo nos fosse permitido pela lei – sua voz estava amarga e quase me culpando.

Tal notícia teve o efeito de uma descarga elétrica sobre mim. Engoli seco para não revidar.

– Tão logo possa, pretendo ir ao seu encontro... – falou com certa amargura na voz.

Julguei que Mirian estivesse morta, quase não me recuperei do susto e por pouco não me entrego, tamanha era a minha decepção.

– Acreditei-a morta! Tal fato não pode ser! – exclamei, entre nervosa e desapontada, sem me dar conta de que era observada.

– Não entendi, Smegrituh! – estranhou Tamer sem compreender minhas palavras e nem o motivo de meu nervosismo.

Por um minuto, colocava tudo a perder, mas em tempo recobrei meu equilíbrio.

– Não, não... – hesitei, porém, logo me corrigi. – Soube que ela havia morrido, mas fico feliz com esta notícia, Tamer... Que bom, ela estar viva!

Tamer olhava-me desconfiado e, mesmo que a curiosidade me inquietasse, preferi silenciar... Comecei a tremer.

Terrivelmente aborrecida, apressei em me despedir, compreendendo que, naquele momento, qualquer conversa a mais seria desnecessária, e eu poderia sofrer novamente o mesmo ataque que me tirara o sacerdócio. Meus nervos abalados poderiam me colocar a perder a qualquer momento. Afastei-me imediatamente, deixando o rapaz intrigado com a minha atitude.

Mirian havia surgido à minha frente, junto à grande-mãe e, certa de que não era ilusão, preferi pensar nisto depois. No momento, precisava me organizar, buscar um meio de fazer valer os meus direitos.

* * *

A dúvida me avassalava.

Meu destino, filha de Thutmés III, o grande pai, estava para sempre comprometido.

Quantas histórias eu ouvira, lendas que cercaram minha infância de temores, sonhos e visões futuras.

Havia o Salvador, que viria no carro de fogo, e sua luz ofuscaria o mais brilhante Sol.

Eu temia Osíris, e Seth convidava-me para permanecer na fileira de sua guarda.

Atormentada, certo dia, busquei a Grande Esfinge do Vale na tentativa de desvendar o que o futuro guardava para mim e Tamer. Quem sabe, algum astrólogo, através de meu horóscopo, favorecesse-me o destino?

No entanto, as portas do futuro haviam se cerrado para mim, porque recebi o conselho de que aguardasse outra ocasião.

Capítulo 20

CRUEL DESTINO

> "Se, nas horas da provação, soubéssemos observar o trabalho interno, a ação misteriosa da dor em nós, em nosso "eu", em nossa consciência, compreenderíamos melhor sua obra sublime de educação e aperfeiçoamento."

Na minha iniciação, havia despertado faculdades, ainda não dominando totalmente o aprendizado. Vivia confusa, com o cérebro atordoado, permanecia em completo ostracismo e nada me alentava o coração.

Certa manhã, despertei com uma centelha em forma humana a observar-me. Senti tanta felicidade, que não tive dúvidas, era o espectro de mamãe que me visitava.

– Por Ísis! És tu, minha mãe? – indaguei cheia de esperança.

A forma revestida em luz permanecia calada, discretamente, observando-me. Ante aquela severidade, não me contive.

– Perdoa-me, mãe! – explodi em lágrimas.

O Espírito estendeu-me a destra na tentativa de me consolar, porém, seu gesto ficou no ar, porque uma barreira fluídica nos separava, e ela afastou-se, levando consigo a sua luz.

– Volta, minha mãe. Não me deixes! – implorei a seu Espírito.

Embora ela se afastasse, senti-me envolvida em grande conforto, como se um raio de esperança me alentasse. Tive o pressentimento de que minha mãe já não pertencia ao mundo dos vivos, pois fora uma aparição de Espírito. De nada me adiantaria procurá-la.

Estava completamente só, nem mesmo minha pobre mãe existia para me abraçar. Restava-me procurar tia Sarah.

✳ ✳ ✳

Meu coração teimosamente ainda palpitava por Tamer.

Sentia-me tão só... tão insignificante!...

Decidi procurá-lo novamente, pois soube que Mirian, após ter sido recolhida por sua família, não suportara os problemas de saúde e retornara à Mansão dos Mortos. Então, era verdade, fora seu Espírito que me provocara junto à grande-mãe! Obtive informações de que a família se encontrava inconformada, e nada comentava, porque culpava o sacerdócio pela morte de sua primogênita.

A notícia acendeu em minha alma uma nova esperança e, sentindo-me mais fortalecida, ganhei forças para procurar Tamer.

Era a minha chance.

Infelizmente, não encontrei o meu amado. Indaguei no templo em que ele trabalhava até que obtive, de um sacerdote que se encontrava fora dos muros, uma pista dele. Segundo o colega, Tamer estava inconsolável com a morte de Mirian e o aconselharam a se mudar dali por um tempo, porque o jovem não conseguia se libertar da saudade e tinham-no visto várias vezes na cabana abandonada, próxima ao Nilo.

Minha vítima ainda não se desintegrara totalmente, e eu sentia sua proximidade.

Dirigi-me ao Templo na tentativa de afastar sua influência, mas tudo em vão. Meu Espírito permanecia angustiado e amedrontado, porque ela acompanhava-me por todos os lugares.

Várias vezes percorri o Nilo com o olhar, pensando seriamente em me atirar nele, porém, ao me molhar, algo mais forte me afastava das águas. Hapi atraía-me para suas águas. Esta atitude era acompanhada sempre por uma terrível gargalhada. De uma coisa estava certa: precisava enterrar Mirian, pois ela sobrevivia e cobrava-me sua felicidade.

Capítulo 21

TRAIÇÃO

> *"Não é, pois, por vingança que a Lei nos pune, mas porque é bom e proveitoso sofrer, pois que o sofrimento nos liberta, dando satisfação à consciência, cujo veredicto ela executa."*

Passaram-se meses e, mesmo com tantos conflitos íntimos, eu continuava pensando em Tamer, dando um tempo para que ele se refizesse para depois, procurá-lo e conquistar o seu amor.

Após indagar aqui e acolá, soube de seu paradeiro nas proximidades de Tebas, numa estância, onde se recolhera para se recuperar do golpe. Soube que lá se desenvolviam trabalhos artísticos em argila e pedras.

Esperei algum tempo e, depois, criei coragem para me aproximar dele. Armei um plano e o segui a fim de romper as barreiras entre nós.

Antes não tivesse ido a tal lugar.

Porque aquela estância, onde Tamer se recolhera, pertencia à família de uma das noviças do nosso templo, Anassés. Soubera, também, que ela o estava auxiliando naquele momento difícil. Recordei-me de Anassés e logo imaginei que suas atitudes fraternas acobertavam um sutil interesse no rapaz.

Fiz amizade com uma faladeira da região e, ofertando-lhe alguns préstimos, colhi dela as informações necessárias. As descobertas sobre o moço eram decepcionantes, porque insinuavam um novo relacionamento, com a noviça Anassés.

Aquele novo fato teve a repercussão, sobre mim, de uma catástrofe. Possessiva e obstinada, não me conformei:

– Safado! Hás de me pagar! – explodi furiosa. – Nunca supus que tão rapidamente esqueceria Mirian. Estes homens nada valem! Tola que sou, pois julguei que bastaria afastar a minha rival para que ele voltasse os seus olhos para mim!

Só de pensar que Tamer se interessava por outra mulher, exasperava-me. Tentei aproximar-me dele, porém, Anassés estava sempre por perto. Em absoluto ela poderia me ver, então, ocultei-me em véus e, contrariada, alterei meus planos.

Cega de raiva, recuei na minha louca paixão, substituindo o amor por violento ódio. Agora, tudo mudava. Toda a minha ira contida explodia em impropérios malsãos. Ele que se danasse e fosse muito infeliz em sua nova união. Eles se mereciam! Precisava me recompor; amor e ódio duelavam, maltratando meu ser. Furiosa, mordi minha destra até sangrar, na fúria de meus sentimentos.

Eu desafiara a lei mais sagrada que imperava nos templos para obter o seu amor. Como me enganara! A juventude e seus arroubos cobram caro a ilusão.

Eliminara Mirian, e o cruel destino o jogara para os braços da imbecil Anassés!

A paixão se perdeu na ilusão da juventude.

O louco sentimento transmudava-se agora em ódio e desprezo.

Sem chances de obter o homem desejado, tornei-me taciturna e revoltada contra a minha sorte. Passaram-se alguns meses e tive notícias de que os dois haviam se consorciado no mais oculto sigilo e que ele e a esposa haviam se mudado para uma chácara. Foi tudo que consegui saber.

Passei a odiá-lo com todo o fervor, sufocada pela indiferença e pela insignificância em que fora colocada em sua vida.

Ao mesmo tempo, odiava-me pelo tempo perdido e só pensava em vingar-me daquele desprezo.

Em meu recolhimento, treinada na meditação, recordei-me das lições do Templo.

– As paixões impuras fazem-nos perder a razão.

Estava desesperada. Nada me acalmava.

Não suportando meu estado, procurei minha mãe em nossa antiga mastaba, mas, infelizmente, apenas constatei o que minha aparição e intuição me avisaram. Minha mãe já não pertencia ao mundo dos vivos e nem tia Sarah. Vizinhos piedosos relataram-me seu sofrimento, e fui informada de que ela me chamava em suas orações, pedindo a Deus que me ajudasse a encontrar meu destino.

Sari, uma vizinha amiga, teve o cuidado de guardar, a pedido de minha mãe, um bracelete de ouro, que, nos tempos áureos, havia recebido de Thutmés. Era toda a sua fortuna.

– Smegrituh, a pedido de tua mãe, guardei este presente, que agora te entrego. Algo me dizia que um dia tu virias... – explicou ela depois de certificar-se que eu era mesmo a menina pobre que se transformara em princesa.

A gentil mulher me passou o embrulho feito por minha própria mãe para mim. Pequena trouxa de pano envolvia o rico bracelete que ainda exalava perfume de sândalo.

Muito emocionada, agradeci.

A vizinha, aliviada por se desobrigar de sua responsabilidade, sorriu.

– Grata, senhora, por ter conservado este presente de minha mãe. Estou sem palavras por tanta generosidade – disse, sentindo-me calma e desejando saber como foi o desfecho de mamãe e de sua tia.

Foi, então, que soube o quanto a saúde de mamãe estava comprometida. Motivo que a levou a me entregar aos cuidados de meu pai. Entre a orfandade e a pobreza, preferiu proporcionar-me um belo futuro como sacerdotisa.

Sabendo-me segura, poderia morrer tranquila.

– Tua mãe tinha muito orgulho de ti, Smegrituh, e feliz ela partiu porque sabia de teu futuro como sacerdotisa do Faraó – disse a vizinha, sem saber o que me acontecera.

Estes fatos me fizeram chorar inconsolavelmente, como nunca. Lamentei a minha ignorância e lhe perguntei sobre tia Sarah, que na época já era um tanto velha.

— Tua tia cuidou da sobrinha até o fim, depois adoeceu e, passado alguns meses, faleceu de uma infecção. – respondeu Sari, que havia acompanhado o final das duas amigas.

Trocamos mais algumas informações, e observei que muitas coisas ali haviam mudado. Olhei a nossa mastaba, ocupada por pessoas tão pobres e necessitadas. Desconhecidos que ali viviam pela misericórdia do Faraó.

Senti-me tão só naquele momento. Não tinha a quem recorrer. Então, abracei a vizinha num gesto espontâneo de verdadeira gratidão e me despedi para sempre daquele lugar.

Capítulo 22

UM ASTRÓLOGO

"*A sugestão aumenta também o ritmo vibratório da alma. Cada ideia contém o que os psicólogos chamam a tendência para a ação e esta tendência transforma-se em ato pela sugestão.*"

Passaram-se semanas, e nada me restava fazer a não ser continuar onde tinha abrigo. Vivia no interior do Palácio entre o mulherio que trabalhava na limpeza e na rouparia. Pelo menos, tinha teto e comida. Sabia fazer perfume e, com este trabalho, economizei alguma coisa para meu futuro.

Dispunha apenas de um colar com um amuleto doado por meu pai e não havia ninguém para abonar a minha condição de filha do Faraó.

A família real era por demais extensa para que fosse incluída uma nova personagem.

No entanto, não me esquecia da humilhação sofrida por causa de meus sentimentos possessivos. A única coisa que me aliviava um pouco era a lembrança de minha doce mãe e de seu desejo em me tornar uma sacerdotisa, abdicando-se de minha presença em sua necessidade.

※ ※ ※

Aos poucos, fui controlando meus impulsos e consegui uma consulta no Templo depois de fazer uma pequena oferta. Senti que a roda do meu destino estava muito lenta.

Havia marcado uma entrevista com Kenamun, um mago, que conhecia os astros como a palma de sua mão. Ele me indicaria um caminho através de sua ciência, pois meu Espírito estava cansado e a expectativa de meu futuro incomodava-me. Acreditava que, sem o Faraó, meu destino seria incerto. Com sua morte, perdi toda a proteção. Não era tão querida a ponto de ser requisitada para as cerimônias mais importantes. Aquela mancha gravada na minha alma de sacerdotisa do Nilo não me deixaria impune de julgamento e contaria como um ponto negativo, dificultando o meu reingresso ao Templo das Sacerdotisas.

Passei, então, pelo pátio, onde o grande relógio deitava sua sombra para o entardecer.

Finalmente, adentrei o quarto de Kenamun, depois de passar por dezenas de colunas e serviçais. Uma grande escadaria levou-me até o sacerdote.

Em meio ao cheiro de incenso e fumaças que dançavam sobre sua cabeça, encontrei o sacerdote que me aguardava tranquilamente. Suas vestes brancas, enfeitadas com franjas douradas, próprias do seu alto grau espiritual, inspiravam simpatia.

– Aproxima-te, Smegrituh – meu nome estava escrito numa tabuinha ao seu lado.

Vacilante, o coração palpitando no peito como se fosse um tambor, adentrei tímida e temerosa. Seria inútil ocultar algo de Kenamun, nenhum gesto, o mais insignificante, pois diziam os seus clientes que a alma humana não lhe tinha segredos.

Era a primeira vez que consultava o meu destino com um mago.

Assentei-me em frente ao astrólogo, curiosa. Era uma honra estar com ele. Observei alguns objetos que enfeitavam sua pequena mesa. A bacia de barro, pintada de branco, chamou-me a atenção e algumas coloridas pedras de vidro brilhavam, formando um espectro de luz.

Entretida com aqueles objetos dispostos simetricamente, esqueci um pouco o meu anseio e consegui relaxar a minha mente, frente ao sábio.

Ele fitou-me profundamente. Sobrancelhas espessas lhe emprestavam certa severidade, e uma ruga entre elas lhe proporcionava maior força em seu olhar.

– Que idade tens, filha? – perguntou-me com doçura na voz.

– Dezenove.

– Qual o dia e a hora de teu nascimento?

Minha resposta foi imediata e, depois, um grande silêncio caiu entre nós, aumentando minha expectativa.

Kenamun olhou-me longamente e saiu para outro aposento, deixando-me agoniada, um tanto arrependida por tê-lo procurado. Seu ambiente favorecia a meditação.

A cena do crime que eu julgava haver desaparecido de minha mente, aliás, a que eu imaginava ter acontecido, aflorava vivamente, confundindo-me. Não queria pensar, mas a minha cabeça não descansava, fazendo-me infeliz.

Kenamun demorava, e eu somente não abandonei o aposento, porque se saísse, jamais saberia o meu futuro. Não foi fácil ter obtido aquela consulta. Aliás, somente acontecia devido ao meu superior, ligado ao Faraó, e a algumas concessões em perfumes afrodisíacos.

O jeito era esperar, mesmo sentindo-me ameaçada de ter meu segredo descoberto.

Finalmente, Kenamun apareceu. Estava pálido e transfigurado. Minutos de silêncio se sucederam.

— Smegrituh, o que fizeste? — perguntou-me com severidade e admiração.

Fiquei trêmula como uma vara verde de bambu, não conseguindo articular palavra alguma.

— Os astros me dizem algo que me recuso a aceitar. Na estrela de teu nascimento, grande mancha escura empana o brilho do progresso. Turvas o chão que pisas e dificultas a tua rota. Oh! Filha de Rá, violaste o mandamento da Lei? Fechaste a tua rota? — indagou o sábio, complacentemente.

Recuei assustada. Suas palavras caiam-me no coração, causando-lhe dano profundo. Estava descoberta como uma criminosa vulgar!

Não havia parado para meditar no meu gesto e em suas consequências, uma vez que fora movida pela inveja e pelo ciúme.

— Teus conhecimentos não foram suficientes, Smegrituh? Uma filha de Rá jamais poderia interferir na rota de outra vida. Tão jovem és... Não sabes o mal que te causaste? Não se consegue, Smegrituh, o amor desta forma! Deste modo, afastaste, para sempre, a chance de ser igualmente, amada...!

As palavras de Kenamun penetravam em meu cérebro como labaredas e desciam pela minha garganta como se estivesse engolindo fogo... Aquela suposta cena da agonia de Mirian voltava com força a atormentar-me. Até que ponto o poder de Kenamun me alcançava? Minha alma estava descoberta, e me arrependia de ter procurado aquela entrevista.

Talvez, nem tudo ele visse, mas suas palavras provocavam em mim uma catarse.

Eu nada dizia, apenas soluçava.

Percebendo meu desespero, bondosamente, ele me acalmou.

– Espera, Smegrituh, nem tudo está perdido.

– Como não? – perguntei-lhe, admirada de

uma remota possibilidade em reaver minha felicidade.

Silêncio profundo aconteceu entre nós. O mago parecia ir mais longe, além do nosso tempo, e seus olhos brilhavam intensamente quando falou:

— Se te dispuseres, com toda a força de tua alma, a tornar-te melhor para alcançares a redenção daquele que virá ao mundo apenas para ensinar a lei do perdão e da misericórdia.

Suas palavras me traziam esperança. Kenamun não me recriminava.

Compreendi que ele se referia ao Salvador.

— Queres dizer que devo sofrer, devo reparar minha falta... Mas como, grande mago? – perguntei-lhe com duas lágrimas quase a rolar pelas faces, sentindo agora muita vergonha.

— Penitenciando-te, filha – aconselhou-me, peremptório.

Kenamun deu uma volta na sala, pensativo, depois me indicou um leito e ordenou:

— Tens a alma atormentada demais!... Nada

conseguirás de proveito — suas palavras eram suaves e não me condenavam.

Sentia-me totalmente em suas mãos. Foi, então, que ele ordenou:

— Deita-te, filha!

Obedeci. Estendida no leito, meu coração palpitava muito. Kenamun falava baixo, mas persuasivo, acalmando-me. Sua destra tocou-me a fronte, e entrei numa espécie de madorna. Em poucos segundos, ele me induziu ao sono hipnótico e me fez prever o futuro.

Foi, então, que me avistei numa cidade muito estranha, encalorada, numa pequena sala a escrever, e em paz. Não compreendi aquela cena em que eu era a personagem principal, tendo, ao meu lado, um homem e uma jovem.

Senti-me confortada, porque havia salvação para mim.

Depois, Kenamun fez novo gesto, magnetizando o meu cérebro, e passei a outro estado com tal rapidez, que meu corpo estremeceu. Numa masmorra fétida, pobre mulher dava seus últimos suspiros e sentia uma sensação nauseante que estraçalhava o meu peito. Vi-me naquela mulher e implorei misericórdia, porque um veneno mortal me queimava por dentro.

Pessoas gritavam, ameaçadoras:

— Bebe, bruxa, bebe de teu próprio veneno! Morre!

Agitei-me convulsivamente, e Kenamun perguntou-me:

— Quem a envenenou?

Suava frio, não conseguia identificar aquelas pessoas, mas havia um rosto que se sobressaia na confusão. Olhei o rosto, com ódio. Era Mirian, e atrás, Tamer. — Vermes imundos! O que fizeram comigo?

Debatia-me em lágrimas, então, o mago despertou-me com um gesto.

— Pronto, filha, está feito — disse calmamente enquanto eu voltava a mim, transtornada.

Ainda sob o efeito da hipnose, abri os olhos, vi o seu rosto másculo e percebi que não me condenava. Ofereceu-me um líquido amargo que me auxiliou a voltar do transe.

— Smegrituh, tudo está feito, terás que viver muito para arrepender-te deste crime. Viajaste primeiro para o futuro e depois voltaste ao passado. Estas lembranças ficarão guardadas para a tua remissão. Com a vinda do Salvador, todos haverão de se perdoar e de perdoar as fraquezas uns dos outros, então, o ódio se acalmará. Comece a ser melhor. Nada mais posso te dizer. A sessão terminou.

Suas palavras soavam ininteligíveis para a minha mente conturbada. Havia encerrado a sessão e dele nada mais saberia. Saí dali com meu coração dolorido e um frasco de remédio, segundo ele, para controlar o meu nervosismo.

A verdade é que Kenamun me auxiliara a desvencilhar-me daquele peso e, embora a sensação de culpa persistisse, eu estava bem mais calma.

Ao sair do salão, li num cartaz:

" Se foste agraciado, deposita tua oferta."

Procurei algo para depositar no gazofilácio do Templo, mas, infelizmente, estava tão pobre quanto os mendigos de Tebas. Os únicos objetos de valor que trazia eram: o amuleto de meu pai e o bracelete de minha mãe. Sem oferta alguma, passei pelo guarda rapidamente.

Capítulo 23

O CASAMENTO

"Em toda a parte e sempre uma vida oculta mistura-se com a nossa."

Cansada da minha insignificância no Palácio, decidi trabalhar com os artesãos escultores.

Passaram-se sete anos de árduo trabalho com os escultores, tinha as mãos feridas e grossas devido ao manuseio das ferramentas e o contato das pedras. Era um trabalho muito grosseiro para uma mulher, mas eu gostava de esculpir. Trabalhava igualmente na pintura dos detalhes e era sempre procurada para os acabamentos finais.

Aquela atividade artística, mas grosseira,

ocupava minha mente e de certo modo me acalmava, fazendo-me esquecer de meu desgosto.

Nessa labuta, certo dia, conheci um jovem oficial que se encontrava à procura de artesãos para esculpir a estátua de sua mãe, morta recentemente. Tratava-se de um moço sério, para não dizer triste, talvez pela cicatriz a enfear-lhe a face, que ele disfarçava com um xale.

Entabulamos conversa sobre a escultura de sua mãe e, por várias vezes, ele retornou ali. No entanto, sua frequência me fez perceber que ele se interessara por mim. Os detalhes finais da escultura de sua mãe ficaram sob a minha responsabilidade.

Nossa amizade se intensificou. Ehnosso pertenceu à guarda do Faraó e, quando soube que eu era filha de Thutmés, condoeu-se de minha situação.

Ao término dos últimos detalhes da escultura, ele se confessou apaixonado por mim.

A roda do meu destino se deslocara finalmente.

O interesse de Ehnosso por mim era visível e evoluiu a ponto de ele me convidar para compartilhar de sua existência.

Ehnosso me amava, embora não lhe correspondesse com igual entusiasmo. Sua generosidade e admiração enchiam-me a alma de alegria e estranha vontade de viver. Seu amor puro e sincero contagiava todo o meu ser e optei por dedicar-me àquele que se transformou em meu protetor.

Nossa união não era bem vista por seu pai, viúvo e rico. No entanto, o filho, perdidamente apaixonado e independente, venceu todos os percalços e, então, contrariando seu genitor, casamo-nos e fomos viver em pequena herdade que ele adquirira por seus préstimos às campanhas do Faraó.

Mas meu Espírito não sossegava ainda, buscava Tamer. Verdadeira obsessão que martirizava a minha vaidade.

Como podia querer tanto um homem que me desprezava? Sentia raiva daquele sentimento que persistia em meu âmago. Às vezes, meu pensamento divagava até as fronteiras de Karnak, onde sabia que ele estaria com sua esposa.

Por que não conseguia acalmar o meu tormento?

Curiosa, queria saber sobre sua vida. Sentia ciúmes da sombra de Mirian sobre ele. Por que aquele ciúme doentio não se aquietava? Mirian estava morta, não poderia mais interferir. Por que, então, ela teimava em me perturbar?

Meu ciúme me fizera perder o sacerdócio, Tamer, enfim, tudo.

Se continuasse tão atormentada, por certo acabaria perdendo Ehnosso também.

Procurei serenar-me e esquecer o passado.

Capítulo 24

NOVAS FRONTEIRAS

> *"É necessário o choque das provações, as horas tristes e desoladas para fazer-lhe compreender a fragilidade das coisas externas e encaminhá-lo para o estudo de si mesmo, para a descoberta de suas verdadeiras riquezas espirituais."*

O tempo foi passando rotineiro, tal qual o Nilo. Num determinado dia em que passeava à margem do belo rio, caminhando só, admirando a paisagem, recordei-me de Mirian e de nossos passeios com Tamer e José. Aqueles momentos estavam gravados em minha memória.

Carregava comigo uma cesta com flores, oferendas para depositar nas águas do rio, quando senti uma rajada de vento frio que me fez arrepiar.

De onde vinha aquele vento? As árvores estavam quietas! Comecei a tremer, pois tudo o que eu não queria era me deparar com o Espírito de Mirian.

Apavorada, deixei cair a cesta. A presença dela me incomodava, e sempre sua manifestação era precedida por acontecimentos nefastos.

Por que não me deixava em paz?

Rapidamente, apanhei as flores, joguei-as nas águas e voltei para casa, depressa. Não queria saber de Hapi e nem daquelas águas que guardavam tantos segredos.

Aquelas águas exerciam sobre mim um fenômeno psíquico inexplicável, fazendo com que eu sentisse uma vontade enorme de atirar-me nelas.

Não queria morrer afogada, corri para meu lar, buscando refúgio em meu companheiro.

Estava quase chegando, quando vi várias pessoas me aguardando às portas de nossa herdade.

Meu coração disparou, pressentindo uma desgraça.

Os vizinhos me olhavam compadecidos.

– Afinal, o que está acontecendo aqui? – indaguei, curiosa e com um aperto no coração.

Ninguém conseguia me explicar, tentaram me impedir, mas adentrei inopinadamente e vi um quadro aterrador. Pensei que morreria, pois Ehnosso encontrava-se morto em nosso leito, e os serviçais estavam confusos.

– Deus, o que é isto agora? – gritei desesperada, colocando as mãos na cabeça.

– Ehnosso, Ehnosso, desperta! – gritei, sacudindo meu marido no leito, sem acreditar no que via.

Mas ele não podia responder, e seus olhos fitavam o teto, apagados, e de sua boca saía uma gosma esbranquiçada.

Ehnosso havia sido envenenado, e algumas pessoas me olhavam desconfiadas.

Outras, apiedadas da minha situação, tentavam me consolar.

Eu estava perdida, ele era o meu único arrimo na vida. Agora, sem meu esposo, o que seria de mim?

Quem teria assassinado uma pessoa tão virtuosa como ele?

A má sorte me perseguia. Aquela sombra havia surgido, pressagiando o meu infortúnio.

Fui amparada por algumas mulheres que me deram um pouco de mel.

Desolada, não sabia o que pensar sobre a desgraça.

Nossa casa logo ficou cheia, e o caso foi entregue aos médicos.

Era envenenamento ou suspeita de suicídio?

Porém, não descobriram nenhum suspeito, visto que meu marido era um homem amável e respeitado por todos.

A ideia de suicídio prevaleceu sobre as outras suposições, mas eu não me conformava.

Ehnosso foi pranteado por muitas horas pelos serviçais até ser levado para a casa de embalsamamento. Meu sogro olhava-me desconfiado, porém, encontrava-me ausente quando o fato se deu e ele não tinha como me incriminar. Procurei conversar com ele, mas sua repulsa por mim impedia-me de uma possível aproximação. Meu espírito altivo também não se vergava e permaneci em meu posto de viúva suspeita.

Aquele crime ficou incógnito, e eu mesma, por mais astuta que fosse, não consegui jamais compreender como tudo aquilo acontecera e atribuía o sortilégio ao Espírito de Mirian.

Não me sentia feliz, mas meu marido me deixara em boas condições financeiras. Tinha uma bela casa toda mobiliada, e o *status* de viúva me abria amplas portas para o Templo.

Entretanto, nada mais me alegrava, e as palavras do mago Kenamun ainda eram vivas em minha mente.

Condenavam-me à solidão. A morte de Ehnosso era uma prova.

Passadas as exéquias de meu esposo, fui me

adaptando à nova vida. Voltei ao Templo no intuito de consultar o mago e participar de seu ritual. Eu tinha fortuna, e ninguém poderia me recusar.

Tinha idade suficiente para saber me livrar da astúcia de alguns monges que se aproveitavam de sua situação dentro do templo.

Retornaria aos rituais com uma ampla visão do meu destino, pois, segundo Kenamun, eu viveria ainda muitos anos. Restava-me aprender, no silêncio daquelas pirâmides, os segredos que me atraíam.

Afinal, eu não era mais uma garota, havia me tornado uma atraente e rica mulher.

Capítulo 25

KENAMUN

> *"Deus conhece todas as almas, que formou com o seu pensamento e o seu amor."*

Acostumada a frequentar o Templo, levei algumas ofertas para depositar no santuário e marquei uma audiência com o mago. Semanas depois, encontrava-me na antessala dos aposentos de Kenamun. Postado à porta, um neófito guardava o gazofilácio, enquanto o sacerdote, no interior, meditava, rodeado de velas e incensos.

Na antessala, esperei-o terminar o ritual.

Como sempre, lá estava ele com um sorriso inalterável e a mesma ruga entre as sobrancelhas, que lhe emprestava o ar de profunda concentração, fruto de suas ilações. Talvez, nem mais se lembrasse de minha pessoa. Passaram-se alguns anos, e ele pouco mudara, a pele trigueira perdera um pouco de seu brilho, mas os olhos continuavam terrivelmente brilhantes.

Ao me rever, franziu as sobrancelhas numa indagação que o tornava belo.

Depois, abriu um leve sorriso e saudou-me:

– Smegrituh, que ventos te trazem ao meu solitário reduto?

Apesar de lisonjeada pela inesperada lembrança, senti-me um pouco desconfortada, pois Tebas era pequena, e todos sabiam da vida de todos.

– Oh! Devoto Kenamun, sinto-me tão necessitada de conselhos! – baixei a fronte em sinal de respeito.

E perante sua presença, desatei a chorar como uma criança. Kenamun tinha o poder de me desarmar, parecia devassar minha alma.

Lágrimas abundantes desciam pela minha face. Kenamun, então, generosamente, envolveu-me num abraço paternal.

— Acalma-te, Smegrituh, nem tudo está perdido. Os mortos se comunicam quando é necessário e teu esposo poderá, a qualquer momento, falar contigo. Guarda a fé e a esperança – disse-me o mago.

Ele sabia tudo da minha vida. Tentei não lhe demonstrar fraqueza, porque meu espírito altivo resistia a isso.

— Sim, eu sei. Suas palavras me consolam, mas não me podem devolver aquele ser que realmente me amou. Sinto-me só e desolada, por isso estou aqui em busca de sua ajuda – lágrimas desciam de meus olhos num desabafo sincero e espontâneo.

O mago calou-se. Calmamente, afastou-se e depois retirou uma tabuinha de um pequeno armário.

— Acompanha-me, minha filha.

Segui-o por um longo corredor iluminado

por tochas, e alcançamos uma sala envolta em penumbra.

O silêncio me constrangia, mas Kenamun era o único em quem realmente eu podia confiar a minha dor.

– Aguarda-me aqui – ordenou.

Aquele ambiente, impregnado de suave iluminação, cujo perfume tonificava a minha mente, e mais o barulho da água corrente, que exercia sobre o meu Espírito um pouco de paz. Ali me sentia mais protegida e o Espírito de Mirian parecia ceder àquelas vibrações.

Recordei-me dos ensinamentos de Kenamun alguns anos atrás.

O mago havia falado de solidão, e eu estava só, completamente. Sentia-me jovem fisicamente, mas meu Espírito parecia tão velho e a vida sem perspectivas.

O tempo parecia um cordão elástico a desafiar o meu destino.

Mergulhada nesses pensamentos, não percebi que um neófito viera do interior e me convidava a entrar no aposento do sacerdote, que agora havia se transformado totalmente. O templo havia se modificado e ganhara mais salas e espaços diferenciados destinados aos novos serviços, e a clientela de Kenamun fora ligeiramente modificada. Senhoras da sociedade egípcia e homens envoltos em trajes elegantes eram sua nova clientela; com um sorriso malicioso, adivinhei que os rendimentos estavam compensadores.

– Entra – convidou-me, sério, o neófito.

Depois, ele mesmo fechou a porta e ficou em guarda do lado de fora.

Enquanto aguardava o mago, fui totalmente magnetizada por duas jovens sacerdotisas que serviam ao templo e preparavam os consulentes para a principal entrevista.

Uma nova surpresa me esperava e fiquei estupefata com o que vi. Jamais esquecerei.

Estremeci ao ouvir a voz do escravo que me tirava daquela meditação.

Tive uma sensação estranha que jamais esquecerei.

Kenamun estava assentado e um tênue cordão, como se fosse uma fumaça azulínea, envolvia-o, cobrindo o seu rosto.

Firmei os olhos na figura do sacerdote e vi ali, ao lado dele, outro ser translúcido. Identifiquei a figura majestosa de meu pai e caí de joelhos, como se algo me forçasse a pousar a fronte aos pés daquela divindade.

Vi Thutmés uma vez e, agora, o Faraó surgia do Tribunal de Osíris para me julgar?

Depois, uma voz parecia vir das profundezas da terra a falar-me pausadamente:

– Oh! Filha, minha filha! Vem ao meu encontro! Acompanhei-te pelas veredas da vida e coloquei, a teus pés, a sabedoria dos templos da Escola Sagrada Egípcia... Tenho a face banhada pela ilusão das armas que empunhei contra meus inimigos. Armas com que defendi o meu solo e assegurei o bem-estar de meu povo. Estas mesmas armas pesam na balança do grande tribunal dos Mortos. Matei para defender meu povo do estrangeiro. Reuni o Alto e o Baixo Egito. Uni o Céu e a Terra. No Alto, o Sol arremessa seus raios e captura todos os seus inimigos. Assim fiz com os inimigos do Egito. Estabeleci a unidade e confiei ao povo a segurança e o bem-estar. Enchi os celeiros de grãos. Mantive a ordem. Ampliei nosso território. Oh! Filha amada, ainda assim errei por excesso de orgulho, humilhei o fraco, abusei do falso poder e ainda não posso ascender à morada celestial do Pai Magnânimo. Não tenho esse direito. Escuta, filha amada, recua ante os teus desejos impetuosos, refaze teu coração enrijecido pelo ciúme. Afasta de ti o ódio e a ira, o sensualismo, e sê tu, uma defensora da sabedoria milenar. O mundo todo se lembrará do nosso povo humilde e trabalhador, da glória do Egito e de sua sabedoria oculta, da qual somos partes. Volto da mansão dos Mortos, do Justo Julgamento de meu Espírito que não encontrará descanso enquanto não se libertar da ilusão que empana a mente e embrutece os sentidos. Desenvolveste a sabedoria para amar e perdoar e tornar-te uma serva Daquele que será glorificado por todos os povos e terá como símbolo a Cruz que te confiei.

O Salvador não demora a descer das alturas e iluminar as sombras deste mundo!

Imola-te no trabalho para também auxiliares, pois, somente assim, encontrarás a paz, e poderei estar contigo no futuro!

Alinha o teu pensamento no diapasão da Verdade para eu estar contigo!

A voz foi diminuindo seu tom grave, e eu quase não consegui absorver o que ouvira, tamanha era minha emoção.

O Faraó terminou suas palavras enquanto sua imagem se desfazia ante meus olhos estatelados, e levei a mão para tocar a cruz que guardava rente ao meu coração. Duas lágrimas caíram sobre a terra. Pela primeira vez, chorei o choro que brota da alma que se arrepende e teme o futuro.

Estendida ao chão, em sinal de respeito, fui, aos poucos, lentamente, erguendo-me. Aquele estado beatífico de contemplação e de inigualável comoção acordava a minha alma cheia de defeitos para a plenitude do ser.

Kenamun permanecia pálido como cera, mas seu semblante transmitia grande paz. Aguardei seu retorno ao estado natural. Envergonhada de meus atos, temia sair dali, buscar o Sol, a claridade plena do dia. Sentia-me tão confusa, que tudo começou a girar à minha volta, depois, perdi os sentidos completamente.

Capítulo 26

MEU REGRESSO

"A dor, física e moral, forma a nossa experiência. A sabedoria é o prêmio."

Não sei quanto tempo durou aquele estado em que me debati entre a vida e a morte, delirando febril. Não desejava mais viver, e meu futuro era sombrio para enfrentar.

O neófito que guardava o Templo se encontrava assentado ao meu lado. Meu estado de fraqueza não me possibilitou identificar imediatamente onde me encontrava e, aos poucos, recordei-me vagamente de algumas frases.

– Smegrituh, estás me ouvindo? – perguntou o neófito.

Acenei com a cabeça, e ele sorriu.

– Acalma-te, tu te encontras entre irmãos – sua voz me transmitia confiança.

– Quem és? Onde me encontro? – não me recordava de nada.

– Chamo-me Kek. Estou a guardar-te até a volta de meu amo – enquanto falava, colocou um pano branco e úmido na minha testa banhada em suor, causando-me grande alívio. Minha cabeça pesava e latejava, devido aos pesadelos horríveis. Eu não sabia o que seria melhor, morrer de uma vez ou tentar me erguer para a vida e corrigir meus erros.

– Água! Tenho a garganta em chamas! – consegui pedir. Encontrava-me muito fraca.

Ouvi o barulho da água caindo na caneca e sofregamente ingeri o líquido cristalino. O alívio durou pouco tempo, e a febre voltou seguida de delírios.

Lentamente, eu saía daquele estado de prostração para adentrar em outro pior. O mundo era muito pequeno para meu remorso.

Não queria abrir os olhos para a vida, esta era a verdade que me consumia as forças.

Momentos depois, Kenamun surgiu, e comecei a recordar-me dos fatos.

Os cuidados e as orações dos dois homens, aos poucos, devolveram-me a energia e já conseguia assentar-me no leito e comer uma côdea de pão.

Apesar do peso da consciência, tinha que continuar vivendo.

— Tiveste uma visão. Grande luz penetrou no quarto. Desperta, Smegrituh, para a vida. Ainda terás tempo para refazer teus compromissos com o Sol de Osíris — esclareceu-me Kenamun.

Confortada, mais refeita, senti fome, e Kek trouxe um caldo reconfortante. Meu estado ainda inspirava atenção, e eles me levaram para outro aposento até recuperar-me totalmente.

A saudade de Ehnosso continuava magoando meu coração, mas eu não tinha muito tempo para tristezas. Embora quisesse ficar naquele lugar, sabia que era impossível. Encontrava-me ali de favor, e muitas pessoas esperavam ser atendidas. A clientela de Kenamun era bastante diversificada.

O Sol já se punha no horizonte quando o sacerdote entrou no aposento para me dar alta.

Ele me dirigiu palavras sábias e me deu alguns frascos de remédio com as devidas orientações, depois segurou minhas mãos entre as suas e disse:

– Smegrituh, tua felicidade depende de tua vontade. O ódio é uma força contrária que te levará ao caminho da perdição. Há uma lei no Universo e que nivela todos os seres: a lei da atração e da repulsão. Atrairá, para ti mesma, tudo o que desejares a teu próximo. Não te neutralizes. Fatalmente, todos os seres progridem através do despertar da consciência. Ouve, minha filha, esta voz interior que te chama ao cumprimento do dever.

Kenamun olhava dentro de meus olhos enquanto segurava minhas mãos. Através das palmas, transmitia-me calor.

Quando ele se calou, emocionada, falei:

— Estou pronta, mestre Kenamun, faça-se a vontade dos Espíritos. O grande Pai, Men-Kheper-Re, o sábio Faraó, aguarda-me, e nossa missão irá se consolidar no futuro — Era o mínimo que podia fazer, ser grata e seguir meu destino.

Kenamun sorriu satisfeito. Seu rosto sério e, ao mesmo tempo, sereno, concordava com minhas palavras.

— Sinto-me feliz, conta comigo sempre, sempre que precisares. Lembra-te de Tebas, lembra-te de mim!

Despedi-me dele e de Kek, embora meu desejo fosse o de ficar.

Capítulo 27

DEIR EL-MEDINA

> *"A influência do pensamento sobre o corpo já nos é revelada por fenômenos observáveis a cada passo de nós mesmos e em volta de nós."*

O Egito transformava-se a olhos vistos.

Desgostosa, andei pelas ruas de Tebas como se visse tudo pela primeira vez.

Não queria voltar ainda para casa. Estava decidida a vender os bens que herdara de Ehnosso e me mudar.

Melancólica, uni-me aos artesãos de Medina, deixei o Templo, temporariamente, porque necessitava de Sol e não de clausuras. Queria o incenso da natureza, sentir o frescor do vento nas faces.

Uma liteira me levou para a aldeia, onde negociei uma casa e me instalei. Atraía-me a arte daqueles artesãos e, talvez ali, em meio aos trabalhadores, eu pudesse conquistar paz para o meu coração solitário.

Minha casa caiada de branco assegurava-me um futuro tranquilo. Viúva, com recursos, dispunha de alguns criados.

Bem instalada, despertei a curiosidade de algumas famílias que vieram me dar as boas-vindas.

Alegrava-me ouvir o barulho dos artesãos, de seus martelos nas pedras e nos metais. Aquela cantiga de ferramentas dava-me a ilusão de que assim estaria menos só. Mas o Espírito da minha vítima nunca me abandonava. Acordava no meio da noite, suando e trêmula.

– Como poderia me esquecer? Jamais!!!

Qualquer recolhimento me era penoso, pois sua imagem me aparecia, contorcendo-se nos esgares da morte.

– Que sina, a minha! – gritava para o

espectro da vítima. – O que queres de mim? Afasta-te, infeliz!

Outras sombras surgiam para me amedrontar, pois já não bastava ela e sua gargalhada sinistra.

Deir el-Medina não ficava tão longe do templo e, uma vez ou outra, eu podia ir visitar meu querido amigo Kenamun. Folgava em aprender com ele os mistérios da vida. Nossos diálogos se estendiam noite adentro. Ao lado dele, eu me acalmava, mas não subtraía minhas noites inteiras de solidão e medo.

Capítulo 28

NADA FICA PARA SEMPRE

"Tudo o que vem da matéria é instável; tudo passa, tudo foge."

Apesar do conforto, sentia-me doente e fragilizada com uma grande erupção na pele. Não havia unguentos que a curasse e decidi ir ao templo, pois queria o diagnóstico daquela doença que mais parecia uma lepra.

Se fosse constatada a lepra, estaria condenada para sempre.

Ainda não havia confessado a ninguém. Envolvi-me em panos e aluguei uma carroça para ir até ao Templo de Rá consultar o médico.

Capítulo 29

NO TEMPLO DE RÁ

"Sabemos que não há educação completa sem a dor."

Muitas pessoas esperavam para serem atendidas. Algumas demonstravam impaciência, e outras estavam tão doentes, que se deitavam.

O calor estava insuportável.

Os jovens auxiliares dos sacerdotes encaminhavam, para eles, os casos mais graves. Eram os melhores médicos para aqueles casos como o meu. Pessoas saíam com unguentos, pomadas, frascos.

Aguardei a minha vez com certo constrangimento.

Ao ser examinada, o médico constatou o que

eu mais temia: a lepra. Meu castigo seria o banimento.

Dali mesmo, isolaram-me juntamente com outros doentes.

Não havia outro caminho; depois de terem anotado meu nome no livro do banimento, foi dependurado um sino em meu pescoço. Significava o isolamento eterno. A morte sem ter morrido.

Do vale dos leprosos, ninguém jamais voltava.

Fiquei aterrorizada com o veredicto e saí do templo com a sentença de minha exclusão do convívio com os limpos.

Um oficial me encaminhou até a carroça, guardando certa distância de mim e de outros mais que se encontravam na mesma condição. Largar-nos-iam próximo ao lixo humano, denominado "Vale dos Leprosos", que ficava além dos muros de Tebas.

Sabíamos que o isolamento eterno era também o nosso fim.

Quem ousaria ali entrar? Não se dispunham,

sequer, a caminhar pelos trilhos que levavam ao vale!

Descemos para o acampamento e, horrorizados, olhamos para trás, enquanto nossos pés escorregavam pelo terreno arenoso, e algumas pedras feriam a pele numa longa trilha sem volta.

Enquanto isso, alguns homens desciam alimentos em cestas presas a uma corda.

O medo do contágio era tanto que, depois, jogavam as cordas no buraco.

Estarrecida com o destino que marcava agora o fim de qualquer ilusão, grande amargura tomou conta do meu ser.

Aquelas criaturas desfiguradas me olhavam, igualmente penalizadas, e nada podia ser feito, a não ser me conformar.

Não queria falar com ninguém, não queria me alimentar. Fiquei prostrada.

Capítulo 30

A VIDA NO VALE DOS LEPROSOS

> *"Os nossos atos e pensamentos se traduzem em movimentos vibratórios, e seu foco de emissão, pela repetição frequente dos mesmos atos e pensamentos, transforma-se, pouco a pouco, em poderoso gerador do bem ou do mal."*

Naquele tenebroso vale fétido, onde pessoas se escondiam, apesar do sofrimento e da discriminação, havia vida.

Ainda assim estávamos vivos e, apesar de não termos esperanças, observei que, paralelos ao sofrimento, outros valores despertavam em nossas almas a busca pela vida eterna.

Após semanas de adaptação, mesmo revoltada com a minha condição, encontrei forças para me levantar e me banhar.

As condições de moradia eram ínfimas, e os leprosos que estavam mais fortes ajudavam os mais fracos.

Intrigada, observei que ali se desenvolvia um sentimento de solidariedade, que não observei no mundo lá fora e nem nas elites do Egito.

As casas possuíam o essencial para se viver, e nos alimentávamos das hortaliças, dos pomares e de pequenas lavouras cultivadas para o nosso sustento.

Viviam sem revolta, homens e mulheres totalmente mansos e resignados em sua condição. As crianças cresciam cercadas de carinho e de amor e formavam uma sociedade à parte. Muitas eram perfeitas e aprendiam a ler, além de ajudarem os mais doentes.

Tudo era repartido em partes iguais, e os mortos eram envolvidos em panos e enterrados numa valeta, no lugar mais baixo do vale, com respeito, mas sem as pompas e sem o embalsamamento.

O fato que mais me chamou a atenção foi a devoção com que se falava sobre o Espírito e sobre a sua imortalidade com total convicção, com um sentimento mais profundo do que no Templo de Amon. Exaltavam a liberdade fora daquele corpo doente.

Impressionada, roguei aos guardas, que se aproximavam do vale, para trazerem meus pertences. Os guardas, receosos, não faziam caso de nossos pedidos, mas um deles foi tocado no coração.

Disse-lhe aos gritos, numa dezena de metros:

– Sou viúva de Ehnosso... Rogo-te, por caridade: vai até minha morada e vende tudo que lá está e compra remédios e comida. Dar-te-ei a metade que apurares. Não te arrependerás!

Expliquei meu endereço e lancei a chave de minha casa ao oficial, que me pareceu honesto.

A chave foi recolhida por ele envolta em um lenço. Olhou-me e desapareceu.

Desci ao Vale, feliz, certa de ser, um dia, atendida.

Alguns meses se passaram, e chegou um novo doente ao acampamento, carregado de alimentos e remédios, que me foram entregues por parte do soldado. O honesto homem cumprira a sua parte.

Capítulo 31

DEZ ANOS DEPOIS

"*O Espírito ilumina-se a cada pensamento altruísta, a cada impulso de solidariedade e de amor puro.*"

De que me valera odiar Mirian?

De que me valera a paixão doentia por Tamer?

Nem a raiva surda de Anassés nem o desprezo a Desafira... De nada me valeram.

Aquela sociedade de leprosos desenvolvia nobres valores, algo que nunca observara na iniciação a que fora submetida: a solidariedade.

Recordava-me das palavras de Thutmés, meu pai, e de Kenamun, mas nem suas palavras me tocaram a alma como as palavras de um leproso que havia se curado ali e, no entanto, lá continuava vivendo, por amor aos companheiros.

Jessé, ainda jovem, curara-se da lepra totalmente, mas abdicara de sua alforria para ajudar o vale.

Não encontrei, em toda a minha vida, um devotamento igual ao semelhante.

Seu físico envelhecido emprestava-lhe certa autoridade, mas ainda conservava no semblante bastante vigor. Seus olhos eram brilhantes, e sua voz acalmava qualquer gemido, seu toque transformava-se em bálsamo anestesiante.

Quem seria aquele homem, limpo da lepra, que acendia nos corações uma fé diferente? Que força o movia? Utilizava-se de um ritual simples que acalmava, consolava e rejubilava o coração mais definhado... Suas mãos estendidas em fervorosa oração, unguentos fabricados por ele, chás que aliviavam. Tudo era maravilhoso. Eu o observava havia algum tempo, minha admiração aumentava vendo seu desprendimento e tive o desejo de me redimir. Aprender com ele sua ciência. O primeiro passo era abdicar de meus bens, e o segundo era me dedicar com ele ao trabalho.

Numa manhã radiosa, aproximei-me do campo de hortaliças que cultivávamos para o nosso consumo e o encontrei colhendo ervas.

Envergonhada de meu aspecto, cobri-me.

– Filha, deixa-me ver teu rosto – pediu-me com doçura na voz.

Antes que me voltasse, ele afastou o pano que me cobria e me olhou demoradamente.

Jamais esquecerei seu olhar penetrante, cálido como a aurora da manhã. Meu coração estremeceu, e meu corpo todo vibrou num arrepio que se prolongou até o pano descer sobre meus ombros.

– Por Rá! – implorei desconcertada e, envergonhada de minha situação, baixei os olhos.

Ele sorriu bondosamente, fazendo-me sentir como criança pega em flagrante.

– Entre nós não se deve ter vergonha do aspecto físico – corrigiu-me, fazendo-me corar. –

Aqui, percebemos outra beleza, a beleza ornada pelo caráter.

– Desculpe-me, amigo, ainda não me desvencilhei totalmente do mundo e esqueço-me, às vezes, de que aqui somos todos iguais e que as ilusões se desfazem – expliquei-me, perturbada pela minha reação.

– É natural... – concordou com um aceno de cabeça.

Seu sorriso me deixou mais à vontade. Notei suas mãos ocupadas, pois segurava a alça de uma cesta onde colocava os ramos e me ofereci para auxiliá-lo.

Colhemos algumas folhas em silêncio.

– Estes ramos fazem parte do tratamento que estamos desenvolvendo para aliviar as chagas – explicou-me, apontando para um canteiro de folhas redondas e viçosas.

– Conheço estas folhas! – exclamei surpresa e, por um instante, recordei-me do vale fértil que mantínhamos às margens do Nilo, no Templo de Amon-Rá.

– Estas ramagens do Nilo são muito eficientes. Este canteiro, para manter sua floração, deve ser regado duas vezes ao dia. Deves ter tido uma educação esmerada! – exclamou surpreso, fitando-me, curioso.

– Por quê? – indaguei, sentindo-me descoberta, pois, durante meu tempo no vale, jamais falava de minha pessoa e fazia meus passeios sempre só.

– O conhecimento desta erva pertence aos sacerdotes que vivem às margens do meio do Nilo – esclareceu ele, fazendo-me reviver uma época que ainda me perturbava o semblante.

A casta das sacerdotisas a que outrora pertenci era a mais cobiçada de todo o Egito.

O companheiro de infortúnio observou meu constrangimento, ele parecia devassar meu interior.

– Não me deves explicações. Continuemos a colher esta ramagem antes da terceira hora para não perder a sua essência principal, porque o orvalho da manhã as torna macias e facilita o seu preparo.

Vendo meu interesse e observando a minha habilidade em colher e sobrepor as folhas, admirado, fez-me um convite:

– Gostarias de ser minha assistente?

– Com prazer, se não for atrapalhar... – respondi, emocionada, aceitando o seu convite e apresentando-me.

Assim, passamos a nos relacionar quase diariamente, e nossa amizade se estreitou com o trabalho.

Capítulo 32

A ESPERANÇA

> *"Porque todas as afeições do passado se encontram e se ligam na vida do Espaço, contraem-se novas amizades e, de camada em camada, uma comunhão mais forte reúne os seres numa unidade de vida, de sentimento e de ação."*

O triste refúgio dos leprosos, agora, transmudara-se em algo encantador e encontrava-me feliz em tornar-me assistente da pessoa mais querida do lugar.

Todos o amavam. Ele deixava um rastro de esperança naqueles desventurados filhos do calvário e da incompreensão humana.

Muitos doentes o apelidaram de Esper... que significava, para eles, Esperança.

Nosso trabalho em comum me devolvia a vontade de viver e de curar-me daquelas chagas. Usávamos mirra, alecrim e uma combinação de várias ervas para compressas e limpeza diária. Além da assepsia, fazíamos chás efervescentes e conseguíamos melhoras incríveis. Pouco a pouco, alguns leprosos reagiam ao tratamento feito com *aloe vera*. Aliava àquelas ramas algo mais que aprendera durante o meu estudo com o sacerdote Menefrés. Silenciosamente as envolvia com fluidos balsâmicos, através de longa meditação e orações que aprendera durante as aulas no Templo. Tudo aquilo estava me devolvendo a alegria e a saúde.

Aquele homem virtuoso me enternecia, atingindo as fibras mais íntimas de meu ser solitário. Nada sabia sobre seu passado e nem como havia chegado naquele mundo isolado de toda a civilização.

Éramos esquecidos do resto do mundo, abandonados e desprezados, sem chance de retorno à vida das cidades. Ninguém se importava com os leprosos. Era como se tivéssemos passado para o vale dos mortos. Éramos considerados mortos vivos.

Mesmo os leprosos curados que voltavam ao convívio da sociedade eram olhados com desconfiança. Havia sempre um dedo apontando para eles.

Capítulo 33

TRABALHO COM AMOR

> *"Não discutas, pois, mas trabalha. A discussão é vã, estéril é a crítica. Mas a obra pode ser grande se consistir em te engrandeceres a ti mesmo, engrandecendo os outros, em fazeres o teu ser melhor e mais belo. Porque não deves esquecer que para ti trabalhas, trabalhando para todos, associando-te à tarefa comum."*

— Jessé – chamei o novo amigo –, hoje, novos irmãos serão despejados. Teremos dificuldades, uma caravana se aproxima.

Preocupado, Jessé olhou ao redor.

– Estamos com poucas acomodações para os novos companheiros, e as crianças devem ficar separadas, pois a recuperação delas tem sido maravilhosa.

— Em meu quarto, há espaço para duas pessoas – disse, solidária.

O sofrimento e o contato com Jessé melhoravam meu caráter dia a dia. Jamais dividiria, em outros tempos, meu pequeno espaço com outro doente. A vida naquele vale se transformava em um santuário, um refúgio de bênçãos, descobrindo em mim mesma o valor de ser útil.

Feliz com a minha disposição, Jessé endereçou-me um olhar de cumplicidade, que me acendeu na alma algo inusitado. Meu coração solitário, antes tão amargo, ressequido pelo remorso, agora se rejubilava!

Senti enorme vontade de confessar-lhe meu passado, queria redimir-me perante ele. Meu coração pulsava timidamente num ardente desejo e felicidade.

No entanto, contive-me, baixei a fronte e me entreguei ao trabalho com a cabeça povoada de sonhos a dois.

Seria possível, apaixonar-me outra vez?

Tamer e o passado se distanciavam ali no

vale, bênção do Pai Celestial que curava minhas feridas e me alentava a fé.

Minhas faces estavam mais coradas, e minha disposição aumentara, corria de um canto a outro atendendo aos doentes mais graves, sem me cansar. Nos momentos de descanso, aprendia a tecer e a costurar a nossa própria roupa. Ensinava as crianças a ler e contava histórias que ouvira de minha mãe em nossa humilde vivenda.

Capítulo 34

CREPÚSCULO ESPETACULAR

"Tua obra mais bela é tu mesmo."

À nona hora do dia, quando a temperatura se tornava amena, e os pássaros se recolhiam nas árvores, a pequena aldeia se unia para orar ao pôr do sol.

O braço do Nilo, estendido para o nosso povoado, brilhava, refletindo os últimos raios do Sol.

Amado por todos, Jessé falava àqueles corações sofridos, com palavras de esperança e calor humano.

Os recém-chegados ao vale, decepcionados pela rejeição e marcados pela mágoa do abandono, ouviam com certo descaso as palavras de Jessé.

O mundo das ilusões fechara suas portas para eles, e Jessé, aos poucos, conseguia tocar seus corações, acalmando a fúria do desgosto que os martirizava mais que a lepra.

Iniciado em escolas sacerdotais, Jessé, tal qual um profeta, vaticinava aos companheiros de infortúnio os prenúncios da Boa Nova do Cristo, que, um dia, visitaria o Vale do Sofrimento.

***

Cerca de mil e quatrocentos anos distanciava-nos da vinda do Messias, porém, idolatrado pelos egípcios através do Culto a Osíris, trazíamos as marcas registradas da presença luminosa que ultrapassava os limites da vida temporal.

Era como se a própria divindade da Terra ali estivesse de braços abertos.

O Senhor é eterno e habita todos os cantos do mundo. Sua vida sempre esteve presente em todas as épocas da humanidade e em todas as faces da Terra.

Na simplicidade daquele ambiente, sem as pompas dos rituais, apenas um sentimento profundo vicejava nos corações: o anseio da libertação. Assim, as palavras de Jessé nos restituíam a alegria de uma nova aurora de vida, preparando-nos para a vinda de Jesus, Nosso Senhor, o Redentor do Planeta.

Onde Jessé havia colhido aquelas informações sobre o Salvador? Suas dissertações eram tão lúcidas e veementes que não havia como duvidar de suas palavras. O Faraó também se referira àquele Salvador! Aquilo tudo somente poderia ser a mais pura verdade!

Os doentes que podiam, arrastavam-se de suas tocas e buscavam, atentos, ouvir o clamor daquele amigo, que, com suas palavras amorosas, conseguia tocar as fibras mais sensíveis de nossas almas, despertando em nós sentimentos nobres, devolvendo-nos a coragem para continuar. Jessé falava da vida eterna e de mundos paradisíacos que nos confortavam o Espírito e aplacavam em nós a saudade dos entes queridos.

Alguns entusiasmados diziam alto:

– Esperança! Esperança! Esperança!

Estávamos assim reunidos quando ouvimos gritos vindos do alto do morro.

– Leprosos! Despejem-nos! Imundos!

Eram outros réprobos do mundo lá fora que chegavam ao vale, sendo atirados nas valetas, como se fossem restos mortais. Tratados sem piedade, qualquer linhagem ali se dissolvia. O sofrimento nos igualava, pois a lei que prevalecia era a da compaixão.

Contamos quarenta e nove pessoas.

Masud, um leproso curado, correu para auxiliá-los e os acomodou, enquanto Jessé terminava o culto a Osiris, lembrando-lhes da reencarnação, do Vale das Sombras e da necessidade de redenção dos próprios erros. Seu discurso modesto e profundo caía como gotas de orvalho naqueles rostos desfigurados.

– Vamos, queridos, não só de palavras vive o homem, trabalhemos também, pois muitos filhos do calvário nos esperam.

Após a oração, lágrimas desciam nos semblantes desfigurados, mas Jessé, cheio de piedoso amor, acolhia-os e lhes retribuía os abraços. Cada um queria contar sua experiência até chegar ao vale e todos eram ouvidos por ele com atenção.

Pequena criança se aproximou e lhe falou com simplicidade:

– Minha mãe ficou no mundo dos vivos. Será que o Salvador dos Homens pode trazê-la para mim?

Para esta pergunta, não havia resposta.

– Venha, meu filho, encoste-se aqui, vamos procurar alguém para cuidar de você, até que ela seja encontrada – disse, abraçando-o como se fosse seu filho e com ele ficou no colo até terminar suas entrevistas.

Logo o pequenino ser adormeceu em seus braços.

Era comum crianças serem abandonadas pela família e depois muitas esqueciam até os próprios nomes, largadas como se fossem animais na matança.

Capítulo 35

ZIMBÓRIO

"Sabei que todo homem pode ser bom e feliz; para vir a sê-lo basta que o queira com energia e constância."

À noite cálida, o zimbório estrelado transmitia paz ao vale dos leprosos. As estrelas eram apelidadas por eles, na tentativa de contá-las.

Seir, no entanto, olhava-nos de seu fulgor, sobrepujando a todas as outras estrelas.

Jessé assentou-se próximo a mim. A maioria já havia se recolhido. Encontrávamo-nos a sós perante o grande silêncio das estrelas.

– Que maravilha! – exclamei, olhando para o alto.

Os olhos de Jessé brilhavam intensamente.

– Sinto tua alma agitada, minha pequena estrela. – disse carinhosamente, fazendo meu coração tremer de alegria.

– Não estás enganado, meu amigo. Preciso confessar-te algo que tanto me incomoda. Há muito minha alma se arrependeu. Desde que aqui cheguei e ouvi tuas palavras sobre o Mestre de todos os Mestres, que virá no porvir, não tenho sossego e não penso em outra coisa mais a não ser em me redimir.

– Se te faz bem confessar, não vejo nenhum mal e, quando o quiseres fazê-lo, estarei aqui para ouvir-te. Devemos nos confessar uns aos outros para nosso consolo – incentivou-me, porque sabia o quanto isto me aliviaria.

O momento era propício. Enchi-me de coragem, revelando ao amigo toda a minha história.

Quando terminei minha narrativa, estava molhada de suor e tirei o manto de meus ombros para me refrescar. Sem coragem de encará-lo, fitei o chão, morta de vergonha.

Grande silêncio nos envolveu.

Incomodada, senti duas lágrimas quentes caírem de meus olhos, escorregando pelas faces.

Assim fiquei até que criei coragem para olhá-lo e talvez encontrar um gesto de censura. Porém, seus dentes alvos apareciam num meio sorriso quando ele me puxou para si e me estreitou em seus braços.

–Alegra-te, Smegrituh, nem tudo está perdido, pois teu gesto insano te trouxe ao infortúnio do vale para te redimires e trabalhares, auxiliando com tua ciência aos enfermos graves...

– Faço-o por ti, Jessé. Tu me ensinaste a ter piedade – confessei cheia de gratidão. – Ao teu lado sinto-me nova mulher. Se tivesse a experiência que hoje possuo, jamais teria agido como agi.

– Para corrigir o passado, Smegrituh, é preciso voltar ao palco da vida quantas vidas forem necessárias. Estar outra vez frente às mesmas circunstâncias... Frente às mesmas criaturas, colocando à prova o testemunho de mudança. Nem sempre estaremos sós, porque muitos laços além se unem, contrariando os nossos propósitos de remissão.

As palavras de Jessé me confundiram o raciocínio, mas compreendi que ele falava sobre um futuro.

Naquela ocasião, eu desconhecia que minha vítima havia abortado um ferrenho inimigo que agora permanecia oculto, a espreitar qualquer ato meu. Meu gesto louco impedirá-o de reencarnar, assim como atrapalhara a felicidade daqueles que seriam seus pais, Mirian e Tamer.

Ignorante da realidade espiritual que me cercava, olhei a abóbada estrelada e, ante a majestade do firmamento, alcei uma oração no silêncio de minha alma imperfeita. Sentia-me cansada, velha e doente para continuar, mas o exemplo de Jessé me incentivava a prosseguir mesmo assim.

Duas lágrimas furtivas acabaram por rolar em minha face, arrependida que estava de meu ato, porém, em meu peito ainda havia muito rancor. Apesar de tudo, era-me difícil perdoar e somente os séculos vindouros, suas lutas sangrentas e o advento do Salvador, poderiam dobrar-me o espírito altivo.

***

Sim. Eis o meu depoimento como havia prometido a meu pai.

Além do tempo que cura as chagas do remorso, há uma misericórdia, que nos faz parecer eternos, como se o próprio tempo possuísse um elástico invisível. Momentos que duram eternamente, enquanto outros, numa fração infinitesimal de segundos, expiram-se.

Eternizamos o sofrimento até a purificação. Uma vida após a outra nos seguirá envoltos na mesma trama, sim, eu tinha pressa em me redimir para evoluir.

Convocada por Rochester a depor, permiti que minhas recordações se desprendessem de meu âmago mais profundo, não que apenas a confissão fosse capaz de me salvar de mim mesma, mas possibilitaria o meu acerto de contas o mais rápido possível.

Em outra vida, em outro lugar, numa nova oportunidade, estaria lado a lado com Mirian e Tamer e, então, poderia colocar em prática aqueles ensinamentos vividos com Jessé.

SMEGRITUH

Capítulo 36

NOS ARCANOS DIVINOS

"Cada vida realiza um progresso, cada progresso aumenta o poder da alma e aproxima-a do estado de plenitude."

Voltei-me para o Faraó que nos reunira a todos.

Era uma sessão solene, cujo destino se decidiria, e o porvir nos aguardava como promessa de trabalho incessante.

Ouvi meu nome e me coloquei a postos imediatamente.

Frente à figura de meu pai, não tive dúvidas:

— Aqui estou, ó meu pai, força do Egito! Tu

que me ajudas e confias em meu progresso, permito-te escrever e assim registrar aos meus semelhantes, colocando a minha alma à prova. Mais uma vez atravessar os pórticos da fé nos umbrais do tempo. Tornar-me merecedora da Religião dos Espíritos. Honrar a Deus e amar as criaturas como irmãs de minha alma, demonstrando, neste gesto, a excelência do perdão.

A ti, Thutmés III, meu pai, o meu louvor e o reconhecimento de tua filha. Sempre estarei contigo no coração, na palavra e na mente.

PARTE

II

Capítulo 1

DEPOIMENTO DE MIRIAN

"Pelo sofrimento aprendemos a humildade, ao mesmo tempo que a indulgência e a compaixão para com todos os que sucumbem em volta de nós sob o impulso dos instintos inferiores, como tantas vezes nos sucedeu a nós mesmos outrora."

Nasci em Memphis. Meu pai, oficial da cavalaria de Thutmés III, foi transferido para Tebas, onde passamos a residir.

Eu e meus irmãos fomos educados no culto a Osíris e sempre acreditamos na vida eterna.

Meu pai, incentivado pelo Faraó, ingressou-me entre as neófitas do Templo de Amon-Rá, que pleiteavam servir como sacerdotisas à corte do Egito.

Iniciara o sacerdócio. No entanto, por mais que me esforçasse, não sentia vocação para o culto ministrado. Mesmo assim, convivia passivamente com a situação, pois a grande-mãe, amiga de meus familiares, dedicava-me atenção especial.

Sentia-me, às vezes, culpada por não corresponder ao ideal como deveria e, em respeito ao meu genitor, não demonstrava meus reais sentimentos.

No Templo, conheci uma garota, Smegrituh, a quem me afeiçoei desde o primeiro instante em que a vi deitada, indefesa, aguardando seu destino. Mais jovem que eu, logo me senti responsável e, desde então, éramos vistas, constantemente, juntas.

Smegrituh, ao contrário de mim, gostava dos cultos, mas, um tanto egoísta, não se sentia bem em repartir nossa amizade com as outras meninas. Infelizmente, minha jovem amiguinha não havia conquistado a simpatia da nossa instrutora.

Desafira, a grande-mãe, não a suportava,

porque a achava arrogante e pobre. Mas nada podia fazer porque fora enviada pelo Faraó. Eu recebia constantemente os conselhos da grande-mãe para permanecer no sacerdócio, porque isso garantiria meu futuro.

Crescemos naquele vale verdejante às margens do Nilo, seguras de estarmos recebendo a maior honra de nosso país: servir ao Faraó como pitonisas.

Em nosso aprendizado, a virgindade era ponto fundamental.

Encontrava-me consciente da responsabilidade e jamais me passara pela mente infringir aquele mandamento dentro de nosso noviciado, até o dia em que, num de nossos exercícios, conheci um jovem, por quem me apaixonei perdidamente.

Esse homem era Tamer.

A atração que ele exercia sobre mim era incontrolável, e acabei cedendo aos impulsos juvenis.

A princípio, relutamos, mas, com o tempo,

foi impossível nos contermos aos arroubos daquele amor e nos entregamos à paixão violenta, arrebatados pela irresistível atração, mesmo cientes de que seríamos punidos se fôssemos descobertos.

Era mais forte do que nós o desejo de estarmos a sós.

A cada dia mais se tornava difícil disfarçar o que me dominava. Estar no Templo se tornara para mim a maior alegria e, por nada deste mundo, queria me ausentar daquele contato. Eram poucas as chances de Tamer e eu estarmos juntos, porque vivenciávamos ambientes diferentes.

Certo dia, entreguei-me a meu amado sem nenhuma restrição, desobedecendo inteiramente aos princípios do Templo.

Eu, uma vestal, mentia a céu aberto!

Nem a Smegrituh, minha melhor amiga, confessei meu segredo, porque receava ser traída.

José, fiel amigo de Tamer, cúmplice de nossos encontros, procurava entreter Smegrituh para que nós dois tivéssemos privacidade para expandir nosso ímpeto amoroso.

Certo dia, José me chamou em particular para me dizer algo de suma importância.

– Mirian, toma cuidado, não permitas que ninguém perceba o que se passa entre você e Tamer. Suspeito que Smegrituh se interesse por ele, e não suporta que ambos fiquem a sós. Tenho dificuldades em contê-la quando vocês se afastam. Tomem cuidado, pois ambos já começam a chamar a atenção dos outros. Aliás, temo que Smegrituh não tenha controle sobre ela mesma. Tua amiga, ao que me parece, tem planos contra vocês, e observei nela uma tendência malévola.

– O que me dizes, José, é sério, pois jamais pensei que ela fosse se tornar um problema. Bem fiz em nada lhe relatar!

– Digo-te mais, amiga, outro dia, ela se mordeu de raiva ao vê-los juntos. Tentei acalmá-la, em vão – disse-me José, deixando bem claro o perigo.

– Agora me lembro, José, de suas perguntas

reticenciosas. Com certeza, ela também se apaixonou por ele. Isso não é de se espantar!

Enamorada de Tamer a atitude de minha amiga era totalmente plausível, pois o meu namorado preenchia os requisitos essenciais de uma mulher. Orgulhava-me de ser a preferida dele.

José cultivava interesse por Smegrituh, mas não a ponto de perder o juízo, embora, naquele momento, percebi que sentia uma leve pontada de ciúme, mas conteve-se e encerrou o assunto.

— Bem, Mirian, estou apenas alertando-te para que tomes cuidado doravante, porque percebo, em Smegrituh, um ciúme doentio. Noto seus olhos em chamas e não me agrada a sua conduta.

— És um nobre amigo, José. Agradeço-te a interferência. Tomarei cuidado. Tamer tem conhecimento do que me dizes? — quis saber para preservar meu amado de uma possível investida.

— Sim, ele também notou algo errado nas atitudes de Smegrituh e se afastou, embora ela o procure sempre que possível – José confirmou cheio de razão e, mesmo contrariado, senti que podíamos contar com seu apoio sempre.

Mediante a desconfiança, acometi-me de raiva da companheira e comecei a me esquivar de sua presença, para que ela não percebesse o meu idílio com Tamer.

Tamer e José se conheceram no Templo e, desde então, eram vistos juntos, e da amizade nasceu uma cumplicidade, causando inveja em outros rapazes.

Auxiliados por José, nosso namoro, aos olhos dos outros, não passava de uma bela amizade. Saíamos sempre os quatro, e Tamer e eu somente nos uníamos a sós quando o amigo nos dava o sinal, e ele ficava a vigiar enquanto nosso idílio acontecia.

Escondidos numa choupana de pescadores, desabitada, Tamer e eu nos entregávamos um ao outro de corpo e de alma, jurando eterno amor.

Os dias se passaram.

Tamer e eu decidimos nos casar, mas antes,

eu deveria terminar a etapa de meu sacerdócio, porque teríamos férias para visitar nossos familiares.

Tínhamos plano de deixar o Templo e seguir para Karnak ao encontro de seus parentes.

Guardar aquele segredo era incoerente com os princípios esposados, mas não tivemos outra opção. Jamais poderia me confessar para a grande-mãe. Ela depositava grande confiança em mim, e eu não queria levar, a meus pais, tamanho aborrecimento.

A situação seria insustentável por mais tempo.

Finalmente, chegou a última etapa de nosso noviciado. Aprendi a silenciar com os lábios, mas o meu coração gritava liberdade. Desejava ser feliz com o meu noivo e nada mais.

Com os pensamentos em abandonar a carreira do Templo, estava sempre alheia às lições.

Não seria fácil nosso rompimento com o sacerdócio, pois éramos jovens e sem condições financeiras, e o Templo garantia nossa sobrevivência e o nosso futuro.

Nesse espaço de tempo, comecei a sentir enjoos e suspeitei de uma gravidez que, se fosse verdade, seria meu fim.

No dia do recolhimento, eu estava muito mal, minhas pernas não me obedeciam e constantemente sentia tonturas. Não tinha disposição alguma para o longo jejum e nem apreciava as longas meditações.

– Preciso confessar-te algo, Smegrituh, pois não consigo mais conviver com este segredo – disse-lhe, desejando revelar-me para Smegrituh, porém, ao vê-la estranha, recordei-me do alerta de José e me calei.

Não, não, recuei, ouvindo dentro de mim uma voz a clamar: – Silencia!

Senti um súbito calor quando Smegrituh se aproximou de mim, ameaçadora. Confesso que temi sua presença e pensei que ela me agrediria.

Ela não estava nada bem e seus olhos brilhavam como tochas.

Felizmente, ficaríamos em quartos separados.

Não havíamos entrado ainda para os aposentos quando ela me ofereceu algo para dormir, sabendo que eu temia a escuridão.

Sua ansiedade me fez estremecer, e recusei sua ajuda.

— Smegrituh, não devemos beber o sonífero, porque faz parte da iniciação estarmos com a mente desperta, por isso, reconheço tua intenção, mas dispenso tal remédio. Não me sinto bem — aleguei, temerosa de sua intimidade.

Percebi seu desapontamento e, antes que ela insistisse novamente, despedi-me e fechei a porta, ficando aliviada porque não precisava mais estar em contato com ela.

Sem suspeitar de suas intenções maldosas, recolhi-me com náuseas.

A ordem era o silêncio.

A superiora ouviu o barulho e advertiu-nos severamente.

Logo, ficaríamos isoladas para o treinamento e teríamos direito a frugal alimentação como parte da iniciação.

***

Sentia muita fome e lentamente ingeri o leite que a serviçal havia deixado. À medida que fui bebendo, percebi um gosto estranho, e algo mais forte me impediu de continuar, apesar da fome. Tive várias crises de enjoo. Graças a esse enjoo, não terminei de beber todo o leite e o derramei sobre o chão.

Senti-me muito mal, queimava por dentro. Tomei água, e a situação piorou, então, abri a portinhola e saí pelo corredor, aflita. Não podia alarmar as outras porque em absoluto não podíamos mais sair. A ordem da grande-mãe era silêncio e recolhimento absolutos.

Cambaleando pelo corredor, tropecei. Segurando na parede, consegui me erguer, mas o sangue escorreu por entre as minhas pernas. Naquela aflição, implorei socorro e fui atendida por uma serviçal de nome Anassés. Meu estado era grave e submeteram-me aos exames. O médico constatou a gravidez, seguida de aborto. O envenenamento foi tomado por um simples enjoo.

Descoberto o meu segredo, levei um grande sermão. Isolaram-me nas dependências do Templo e, assim que me recuperei, enviaram-me para a casa de meus pais, às ocultas.

Minha situação era uma desonra para a classe das sacerdotisas.

Estava proibida de tecer qualquer comentário sobre meu estado e, sem me despedir de ninguém, deixei o Templo e minha carreira de pitonisa.

Desafira, aborrecida com meu procedimento, não conseguiu perdoar a minha falta. Ela parecia ressequida por dentro, sem sentimentos maternais e decepcionada comigo, então, ordenou-me impiedosamente:

— Estás proibida de revelar este aborto, Mirian. Entenda-te com teus pais e não te tornes um mau exemplo em nosso Templo. Julguei-te uma vestal, digna e nobre, infelizmente nada mais tenho a te dizer, desonrada e infiel. Desapareça!

Doente e envergonhada, voltei para a casa de meus pais em Memphis. Nada pude fazer a não ser lamentar o meu rompimento com o Templo de Amon-Rá.

Ninguém, a não ser José, sabia de meus encontros clandestinos com Tamer. Não tive tempo de lhes comunicar o fato, aliás, eu estava proibida de voltar ao Templo e de fazer qualquer comentário.

Não pude mais rever Tamer, e sua falta me fez definhar mais rápido. Desanimada e febril, cheguei ao fim desta existência sem saber que fui envenenada por aquela que julguei ser minha amiga.

O olho imortal, que tudo vê, jamais se fecha à verdade.

Meu Espírito, ciente de tudo, vagou até encontrar meu algoz. Laços fluídicos estreitavam nossas mentes e, nesta ligação, passei a atormentá-la. Ensandecida, odiei-a com toda a raiva de meu ser. Daquele momento em diante, prometi a mim mesma que ela não seria feliz, enquanto forças eu tivesse.

O que ela mais queria era servir como sacerdotisa do Nilo. Não sosseguei enquanto não a vi fora do Templo, tão humilhada quanto eu fora.

Meu desejo de vingança impedia-me de passar pelo julgamento do Tribunal de Osíris e, enrodilhada numa teia escura de ódio, fixei meu pensamento naquela criatura que me causara tanta infelicidade.

Concretizei meu desejo quando, levada pela intensidade do meu ódio, a ela me apresentei, utilizando-me da mente de Desafira, que se servira, naquele momento de instrumento fácil, pela aversão que sentia também por Smegrituh.

Era o momento de minha vindita.

Fiz-me presente no colóquio entre as duas. Liguei-me à grande-sacerdotisa para atingir meu algoz. Realizei meu intento pela antipatia que a grande-mãe Desafira cultivava por ela. Minhas forças, porém, ali mesmo, acabaram-se por completo, e fui recolhida por misericórdia do Grande Pai do Egito.

Infeliz, continuei vagando atrás de meu amado e meu Espírito não sossegou enquanto não o avistei.

Foi, então, que encontrei o meu amado Tamer abraçado a Anassés, auxiliar do Templo, e nada pude fazer a não ser chorar a minha dor, porque estava impedida de aproximar-me dele.

Não queria deixá-lo e lutei até a exaustão, sendo recolhida como uma demente. Bastou um momento de descuido de meus instrutores e, novamente, parti em busca de Smegrituh para me vingar daquele sofrimento. Meu Espírito vagou pelas margens do Nilo até, finalmente, encontrá-la.

Nada pude fazer contra ela, porque uma força maior me arrebatou dali. Extenuada, deixei um rastro de dores e amarguras e, ao vê-la chorando a perda de seu único arrimo, não tive forças para ir mais além, porque uma espessa nuvem escureceu tudo ao meu redor.

Desta feita, fui recolhida dali, para lugar em que deveria permanecer tempo suficiente para me refazer da atração que ela me exercia.

Consinto este relato porque Rochester me prometeu ser fiel aos votos, embora me sinta constrangida a ditar tal depoimento, e jamais perdoarei esta mulher má que me tirou a chance de viver meu único amor e me fez perder o fruto querido de nossa união.

MIRIAN

PARTE III

Capítulo 1

DEPOIMENTO DE TAMER

"Todos os nossos males provêm de agirmos num sentido oposto a corrente divina; se tornarmos a entrar nessa corrente, a dor desaparece com as causas que a fizeram nascer."

Sinto-me constrangido em relatar sobre o que me magoa e me fere o coração, porém, necessária se faz a minha pequena contribuição, porque, para isto, fui convocado pelo grande Faraó do Egito.

Não se erra quando se entrega ao impulso do amor, este sentimento que nos dá calor e vida.

Confesso que, desde o primeiro instante em que vi Smegrituh, meu ser sentiu certa repulsa que, a princípio, tentei revidar, mas, assim que avistei a eleita do meu coração, esta repulsa inexplicavelmente tomou vulto.

Desde o primeiro instante em que a figura graciosa de minha amada Mirian surgiu, nunca mais consegui me interessar por outra mulher.

Apaixonados um pelo outro, contrariamos os princípios de nosso sacerdócio e passamos a nos ver às ocultas, entregando-nos ao idílio que, para ambos, era mais importante. Apenas José, meu melhor amigo, sabia o que se passava entre nós dois e nos auxiliava a estarmos juntos durante nossos passeios às margens do Nilo.

Smegrituh insinuava-se para mim o tempo todo. Vali-me de José para dela afastar-me, antes que ela se atirasse nos meus braços. Sua personalidade nervosa e sua altivez dominadora estavam longe de ser o meu ideal feminino. Educado por meu pai, jamais demonstraria desprezo por uma mulher, por mais vil que fosse. Essa esmerada educação contribuiu para que despertasse nela algum sentimento contrário à minha vontade.

Logo após o desaparecimento inesperado de Mirian, pois estava ignorante dos reais fatos, receei que Smegrituh voltasse a me assediar com suas insinuações. Não contava mais com José para me auxiliar, uma vez que ele se ausentara do Templo por questões familiares.

Inesperadamente, encontrei Smegrituh nos jardins do Templo e julguei-a demente, pelo olhar e pela nervosa tremedeira de suas mãos.

Percebi que ela também desconhecia o paradeiro de Mirian e falava coisas sem nexo.

A minha amada me deixara sem aviso. Ninguém sabia me dizer onde ela se encontrava. Eu estava ficando aflito com sua demora.

Sofri muito, julgando que ela não mais me quisesse. Anassés, uma noviça do mesmo grupo de Mirian, condoída de minha situação, contou-me o que sabia sobre o desfecho de minha amada.

A jovem prestativa prontificou-se em me auxiliar e acabou por confessar o martírio de Mirian e insinuar a possibilidade de uma gravidez, devido à hemorragia que ela presenciara.

Aflito, quis procurá-la, e Anassés se propôs

a acompanhar-me até a casa de Mirian em Memphis, mas antes de concluirmos nossa viagem, soubemos de sua morte, e ninguém comentava sobre o aborto.

Desesperado, quase não suportei o peso da vida e por pouco não dei cabo de minha existência. Depositava, em Mirian, todas as minhas alegrias. Anassés transformou-se num anjo devotado e acompanhou-me por todos os lados, ajudando-me com sua ternura.

Passado algum tempo, acabei desposando-a em reconhecimento à sua dedicação e de seus familiares que me cercaram de atenção.

Felizmente, o sol da Verdade clareou tardiamente, pois não hesitaria em manchar as minhas mãos com o sangue da mulher odienta que destruiu toda a minha alegria.

Jamais a perdoarei!

Onde Smegrituh estiver, eu estarei para fazê-la sofrer! Meus dedos haverão de esmagar o seu pescoço como o tigre se atira sobre a sua vítima!

TAMER

O relato de Tamer deixou-nos todos apreensivos. Os participantes não conseguiam evitar os comentários, murmurando entre si. Algumas entidades tomavam partido, quando um gesto do Faraó do Egito estabeleceu a ordem.

Mediante aquele que consideravam o Pai do Egito, emudeceram.

PARTE IV

Capítulo 1

NAS FRONTEIRAS DO ESPÍRITO

"Uma cadeia sem fim liga os seres na majestosa unidade do Cosmo. É uma efusão de luz e amor que, das cumiadas divinas, jorra e se derrama sobre todos, para regenerá-los e fecundá-los.

Reúne todas as almas em comunhão universal e eterna, em virtude de um princípio que é a mais esplêndida revelação dos tempos modernos."

No salão magnânimo, cheio de luzes faiscando por todos os lados, novos raios luminosos desceram pela abóbada, atraindo todos para outra entidade, cuja hierarquia moral iria decidir sobre aquele grupo. A entidade foi saudada com respeito, unindo aqueles Espíritos.

Depois, um séquito de entidades, igualmente translúcidas, avizinharam-se, formando um concílio. Tratava-se de uma coorte celestial que iria decidir o rumo de todos aqueles Espíritos ali guardados.

Visualizei Smegrituh. Apagada e sem brilho, tinha o semblante constrangido, sem a arrogância que a caracterizava. Na fronte, um filete caracterizava a mancha escura. Pobre criatura marcada pela lembrança de seu ato. Esforçava-se para se manter serena, mas sua mudança não me convencia.

Numa outra bancada, numerosos Espíritos assistiam atentos ao desfecho da assembleia.

Tamer, calado, não perdia um de seus movimentos.

Identifiquei Desafira, cujo olhar denotava intenso cansaço.

Como se me lessem o pensamento, eu, na roupagem de Thutmés III, destacava-me como um general à frente de seu exército, cujas ordens deveriam ser seguidas.

Naquela expectativa, estendi minha destra, apontando para Mirian:

– Mirian. O ódio é tão destrutivo que ninguém poderá avançar com ele na senda da paz. As guerras são frutos desse ódio. Extirpar esse sentimento é nossa função. Enquanto na Terra, dádiva do Pai Celeste, perdurar o ódio, existirá o clamor das almas. O que é uma vida? O que é uma falta?

Filha de Ísis, não te deixes manchar por esse sentimento inferior!... Harmoniza-te com Deus e segue teu destino, prepara-te para caminhar com teu algoz enquanto for preciso. De nada vale o ódio, que fatalmente será dissolvido pelo Amor, único sentimento exaltado por Aquele Peregrino Senhor, a Luz do Mundo, que toda a treva teme!

Vê o ribombar dos tambores e das trombetas que anunciam a vinda Daquele que não somos dignos de beijar as sandálias.

Prepara-te sem temor, esforça-te para esquecer e agora vai. Não percas tempo. Entre o hoje e o amanhã existe um longo tempo. Tudo depende de ti!

Cabisbaixa, Mirian seguiu um cortejo de outras entidades, em circunstâncias semelhantes, e foram transportadas por um facho luminoso que se perdeu de nossas vistas. Dentre as entidades, Tamer se incluía.

Nova convocação se seguiu. Smegrituh aguardava ansiosa sua vez. A infeliz mulher perpassou o olhar pelo salão à procura de Tamer e, decepcionada, não viu o objeto de suas expectativas.

Smegrituh, perante a ordem do grande Faraó do Egito, ousou perguntar sobre aquele que tanto amava, porque hesitava retornar ao mundo terreno sem a sua presença, com promessas de tudo fazer para conquistar o seu amor.

Thutmés anotou contrariado seu pensamento e vaticinou:

– Filha de Ísis! Não sabes o que desejas! Lamento a gravidade de teu delito, pois a punição estará sempre de acordo com a intenção da falta. Os conhecimentos da Escola Iniciática que criei para formar os trabalhadores da Casa Real jamais poderiam ser desvirtuados.

O que fizeste, filha querida, dos conhecimentos da Escola Sagrada do Egito?!

Somos o Egito, e a ideia da imortalidade da alma será propagada pelos milênios que nos esperam!

Não obstante, os homens tentarem diminuir o sol de Osiris, Ele é e será a força do nosso povo! Muito antes de todos nós existirmos, Ele já existia fecundando a vida imortal!

A alma humana será fecundada pelo sopro divino e, somente através dessa comunicação, haverá progresso. Os Espíritos invejosos tentarão por todos os meios denegrir e comercializar os sacerdócios estabelecidos na face do Planeta, mas enquanto um filho de Ra se recordar do que viveu, haverá o esplendor da luz a expressar-se no âmago do coração sincero, que se devotou, desprovido de qualquer interesse pessoal. Muitas vidas te aguardam e, próximos uns dos outros, haverão de vencer!

Bastou esta frase para que o Espírito de Smegrituh se agitasse todo, com a face revestida de decepção.

Como chefe de um grupo, no controle daquelas almas, fui taxativo:

– Ódio, inveja e ciúme: filhos do mesmo sentimento que ainda nos acompanhará por milênios: o egoísmo, a doença mortal de tantas almas que nascem e renascem sucessivamente para a purificação. Até quando? Sombra e luz apenas o que somos. Amor e ódio são forças que nos arrastam para a glória e para a decadência. Coloca, filha amada, a vontade como a maior potência para vencer o mal que te empana o caráter. Lembra-te, Smegrituh, que, se tiveres vontade e persistência, alcançarás a paz!

A quem almejamos seguir?

Não há tempo mais a perder, sigamos a retilínea luz do Sol dourado de Osíris!

Ordenou o líder.

Capítulo 2

O SALVADOR

"Um conselho invisível preside, do seio dos Espaços, à sua execução. É composto de grandes Espíritos de todas as raças, de todas as religiões, da fina flor das almas que viveram neste mundo segundo a lei do amor e do sacrifício. Essas potências benfazejas pairam entre o Céu e a Terra, unindo-os num traço de luz por onde, sem cessar, sobem as preces, por onde descem as inspirações."

Thutmés ia concluir seu argumento, quando novos seres se destacaram no imenso salão. Antigos comparsas, inimigos seus, ali se postavam, colocando à prova a sua liderança. Foi sacudido por um calafrio quando avistou o legislador do povo hebreu e, mais atrás, a Faraona de Tebas com sua coorte. Estremeceu perante aqueles olhares argutos que nem as vidas sucessivas haveriam de extinguir. Teria ele de conviver e aprender também para sua própria libertação.

De um lado as almas submissas a ele se confundiam no respeito de sua autoridade como patriarca do Egito, e, do outro lado, seus antagônicos o encaravam severamente. Constituíam os dois polos, o grande desafio que ele mesmo deveria vencer.

Pompa e glória se reuniam, mas injúria e ódio, igualmente, os vinculavam.

Silêncio profundo desceu naquele ambiente que os unia para o acerto de contas como numa grande arena.

Novo raio vibrou seus corações.

Então, o Faraó do Egito quedou-se, embargado pela emoção, e, de joelhos, sua fronte desceu ao chão, e todos o acompanharam, fazendo enorme silêncio.

Sua atitude de entrega causou espanto para dar passagem à grande luz que inundou toda a assembleia de seres. O grande Faraó voltou-se para a entidade que fora antes saudada com respeito. Era Jessé.

Jessé levantou-se, ornado pelas luzes de seu caráter adamantino, e foi acompanhado por todos, com a mais profunda reverência, à chegada do Salvador.

Rigoroso e longo silêncio aconteceu na mais bela atmosfera então vivida por aquelas almas cheias de defeitos, mas dispostas a se melhorarem.

Inundados pela mais intensa claridade, foram envolvidos por um som de inexplicável doçura. Onda de magnânima felicidade os acalmava, fazendo-os leves e esquecidos de tudo.

A presença do Amor se fazia entre eles, sem argumentos.

ERA O CORDEIRO DE DEUS, o sublime educador das almas, que vinha tirar os pecados do mundo ...

O grande Faraó dos Templos, envergonhado de si mesmo, permaneceu de joelhos.

Vergado ao peso de sua vida, somente se levantou quando percebeu que a luminosidade que os ofuscava se afastara totalmente.

A luz imprimiu em seus Espíritos, seus conhecimentos e sua paz.

Nosso Senhor, com sua misericórdia sem limites, os conclamava à Perfeição.

Sem novos argumentos, concluiu:

– Trabalhemos enquanto é dia!

E como se devassasse os séculos futuros, encerrou a assembleia:

– FIAT LUX!...

Tempos se passaram, permitindo o recomeço de uma Nova Era.

Ninguém, absolutamente ninguém, poderia negar ou desconhecer a LUZ DO MUNDO.

Capítulo 3

CONCLUSÃO

Nas areias quentes do deserto, sob o calor do Sol causticante, algo mais brilhante estava por vir para estabelecer a ordem e definir para sempre o Caminho da Humanidade.

Antes, porém, com um Código gravado em luz na rocha do Monte Sinai, Moisés se servia de intérprete das Leis, e a Terra registrou os DEZ MANDAMENTOS da Lei Divina.

Ainda trago a memória tisnada pela sombra, e continuo rompendo barreiras seculares do meu eu primitivo, que tantas vidas ceifaram.

Somente no trabalho no bem encontro forças para vencer o mal. Pela prece posso me unir aos guias protetores que já se libertaram das prisões humanas e ascender-me ao Paraíso da Luz, e encontrar paz, seguindo com eles o roteiro traçado pelo Cristo.

Nesta narrativa de duas almas, desunidas pelo sentimento de vingança, meu desejo fora apenas rememorar que ódio, inveja, ciúme e outros tantos defeitos de caráter levam à morte do sentimento fraternal vivenciado por Jesus. Frutos do egoísmo e da ignorância humana farão qualquer empreitada falir.

Mirian e Smegrituh, hodiernamente, Espíritos redimidos um com o outro, convivem em harmonia no mundo, guardando entre si as diferenças naturais relativas a cada individualidade.

No entanto, desde a época de Thutmés aos tempos modernos, terríveis lutas foram traçadas entre os dois Espíritos e aquele que se arvorou seu ferrenho inimigo, o rebento abortado. Finalmente, estes Espíritos cederam ao impulso do Evangelho Redentor, pois, somente através da fé raciocinada, que o Espiritismo faculta, foi possível o verdadeiro perdão.

Sob a veste carnal do satírico Conde Rochester, alvejado pela crítica, ainda assim, não perdi o gosto pela literatura e me fiz valer da pena para ofender e denegrir tudo aquilo que se obstinava a me atormentar.

Aprendi a conviver com meus algozes e minhas vítimas e, a cada história, novos pontos se definem, clareando o passado.

Assim, no futuro, quando fatigado do erro, rogarei ao Criador para que nos permita o regresso na Ciência a fim de ressarcir o que fiquei devendo à Humanidade.

Quando ciência e religião se unirem definitivamente, haverá de harmonizar o velho preceito a que ainda não fizemos jus: MENTE SÃ, CORPO SÃO.

ROCHESTER

Fim

IDE | Conhecimento e educação espírita

No ano de 1963, Francisco Cândido Xavier ofereceu a um grupo de voluntários o entusiasmo e a tarefa de fundarem um periódico para divulgação do Espiritismo. Nascia, então, o Instituto de Difusão Espírita - IDE, cujos nome e sigla foram também sugeridos por ele.

Assim, com a ajuda de muitas pessoas e da espiritualidade, o Instituto de Difusão Espírita se tornou uma entidade de utilidade pública, assistencial e sem fins lucrativos, fiel à sua finalidade de divulgar a Doutrina Espírita, por meio de livros, estudos e auxílio (material e espiritual).

Tendo como foco principal as obras básicas de Allan Kardec, a preços populares, a IDE Editora possui cerca de 300 títulos, muitos psicografados por Chico Xavier, divulgando-os em todo o Brasil e em várias partes do mundo.

Além da editora, o Instituto de Difusão Espírita também se desenvolveu em outras frentes de trabalho, tanto voltadas à assistência e promoção social, como o acolhimento de pessoas em situação de rua (albergue), alimentação às famílias em momento de vulnerabilidade social, quanto aos trabalhos de evangelização infantil, mocidade espírita, artes, cursos doutrinários e assistência espiritual.

Ao adquirir um livro da IDE Editora, além de conhecer a Doutrina Espírita e aplicá-la em seu desenvolvimento espiritual, o leitor também estará colaborando com a divulgação do Evangelho do Cristo e com os trabalhos assistenciais do Instituto de Difusão Espírita.

www.idelivraria.com.br

Conversando sobre o
ESPIRITISMO

Quais as bases do Espiritismo?

A Doutrina Espírita estrutura-se na fé raciocinada e no Evangelho de Jesus, com sólidos fundamentos nos seguintes princípios: a) Existência de Deus; b) Imortalidade da alma; c) Pluralidade das existências ou reencarnação, impulsionadora da evolução; d) Comunicabilidade dos Espíritos através da mediunidade, capacidade humana de intercâmbio entre os dois planos da vida; e) Pluralidade de mundos habitados.

Espiritismo é uma ciência, filosofia ou religião?

Ele engloba os três aspectos. É ciência que investiga e pesquisa; é filosofia que questiona e apresenta diretrizes para reflexão e é uma religião na prática da fraternidade, do real sentimento de amor ao próximo, tendo, como regra de vida, a caridade em toda a sua extensão, enfim, uma religião Cristã.

O Espiritismo proclama a crença em Deus, ou nos Espíritos?

O Espiritismo prega, através de uma convicção firmada na fé raciocinada, na lógica e no bom senso, a existência de Deus como inteligência suprema, causa primeira de todas as coisas, sendo Ele misericordioso, justo e bom, e vem confirmar a imortalidade da alma. Segue os ensinamentos racionais e coerentes dos Espíritos de ordem superior e, principalmente, os de Jesus como único caminho para a evolução espiritual, baseados na caridade, em todas as suas formas, através do amor ao próximo.

Para onde vamos quando morremos?

Retornamos ao mundo espiritual, nossa morada original, exatamente de onde viemos. Somos Espíritos e apenas estamos no corpo físico em estágio temporário de aprendizado. No mundo espiritual, reencontraremos os Espíritos com quem nos sintonizamos, daí a importância da vida reta e moralmente digna, desapegada das questões materiais, de coração sem mágoa, vinculada ao bem e ao amor desprendido.

Se quiser saber mais sobre o Espiritismo, o que devo ler?

As obras de Allan Kardec, a saber: *O Evangelho Segundo o Espiritismo, O Livro dos Espíritos, O Livro dos Médiuns, O Céu e o Inferno* e *A Gênese*.

Fundamentos do Espiritismo

1º Crê na existência de um único Deus, força criadora de todo o Universo, perfeita, justa, bondosa e misericordiosa, que deseja a felicidade a todas as Suas criaturas.

2º Crê na imortalidade do Espírito.

3º Crê na reencarnação como forma de o Espírito se aperfeiçoar, numa demonstração da justiça e da misericórdia de Deus, sempre oferecendo novas chances de Seus filhos evoluírem.

4º Crê que cada um de nós possui o livre-arbítrio de seus atos, sujeitando-se às leis de causa e efeito.

5º Crê que cada criatura possui o seu grau de evolução de acordo com o seu aprendizado moral diante das diversas oportunidades. E que ninguém deixará de evoluir em direção à felicidade, num tempo proporcional ao seu esforço e à sua vontade.

6º Crê na existência de infinitos mundos habitados, cada um em sintonia com os diversos graus de progresso moral do Espírito, condição essencial para que neles vivam, sempre em constante evolução.

7º Crê que a vida espiritual é a vida plena do Espírito: ela é eterna, sendo a vida corpórea transitória e passageira, para nosso aperfeiçoamento e aprendizagem. Acredita no relacionamento destes dois planos, material e espiritual, e, dessa forma, aprofunda-se na comunicação entre eles, através da mediunidade.

8º Crê na caridade como única forma de evoluir e de ser feliz, de acordo com um dos mais profundos ensinamentos de Jesus: "Amar o próximo como a si mesmo".

9º Crê que o espírita tenha de ser, acima de tudo, Cristão, divulgando o Evangelho de Jesus por meio do silencioso exemplo pessoal.

10º O Espiritismo é uma Ciência, posto que a utiliza para comprovar o que ensina; é uma Filosofia porque nada impõe, permitindo que os homens analisem e raciocinem, e, principalmente, é uma Religião porque crê em Deus, e em Jesus como caminho seguro para a evolução e transformação moral.

Para conhecer mais sobre a Doutrina Espírita, leia as Obras Básicas, de Allan Kardec.

www.idelivraria.com.br

Leia também

ALMA DE MINH'ALMA
Maria Gertrudes
Espírito J. W. Rochester

Romance do renomado autor espiritual J. W. Rochester que, com seu estilo característico, transmite-nos palpitantes fatos desenrolados nos campos e na grande São Petesburgo da Rússia do século dezenove. Nesse período de forte agitação social, com as primeiras manifestações do movimento de inspiração marxista, é apresentada a cativante história da família do destemido camponês Iulián, enriquecida com palavras do idioma russo (identificadas no rodapé), que colocam o leitor num cenário mais real. Os relatos se desdobram, em lances inesperados e comoventes, tendo como figura central a jovem médium Mayra, sempre terna e amorosa – uma personagem inesquecível –, portadora de um passado enigmático e profundamente vinculada ao Fantasma que, materializado, atormenta a grande propriedade rural do cruel e temível Norobod.

O ENIGMA
Maria Gertrudes
Espírito J. W. Rochester

A história pouco registrou sobre Cambyses II, Rei dos Persas, mais conhecido como "o Enigma", dominador do Alto e Baixo Egito.

Esta obra vem esclarecer o que se passou com o infeliz rei que, julgado cruel e louco, passou como uma sombra nefasta entre babilônios, egípcios e judeus, fazendo com que a civilização persa alcançasse tanto poder e glória, que nem os pomposos romanos, no futuro, o igualaram.

O leitor encontrará, nestas páginas, muita ação e ensinamentos, envolvendo-se profundamente nos caminhos da história de um homem doente e frágil que, tal um anjo decaído, buscou, ferreamente, ascender ao paraíso perdido depois de uma longa trajetória de lutas pelo planeta.

Leia também

O DONO DO AMANHÃ
Wilson Frungilo Jr.

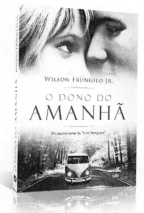

O amanhã de Jorge se iniciou no dia em que, percebendo que as grandes riquezas estariam nas coisas mais simples e sinceras, e movido pela força das circunstâncias, partiu em uma viagem de lembranças, recomeços e esperanças. Pilotando um antigo sonho e acompanhado por Thor, seu inseparável cão, seguiu em direção à sua cidade natal, para reviver antigas histórias, rever velhos amigos e, quem sabe, reencontrar um grande amor.

Um amor que jamais deixou de existir e que se fortaleceu pela capacidade de fazer o tempo voltar, e o passado fundir-se novamente com o presente. Sublime sentimento que resistiu aos anos de afastamento e que conseguiu vencer todos os empecilhos que a cobiça humana poderia causar. Compreensão, tolerância, paciência e caridade são a tônica desta história, na qual, Jorge, conseguindo decifrar sábia mensagem, fez dela o seu caminho. Um caminho que o fez encontrar o futuro em seu próprio presente, transformando-o num verdadeiro dono do amanhã.

ALGUÉM TEM QUE PERDOAR
Ismael Biaggio

Eu via um homem sentado num banco da praça. Todos os dias... Completamente calado.

Um silêncio a esconder uma história. Um drama muito maior do que eu poderia supor. Mais intenso do que eu poderia imaginar. Vidas e mortes... Anos e décadas... Famílias e paixões... Segredos e traições... Tudo costurado com a linha do resgate que, através do perdão, excede o tempo e o espaço e pode aproximar corações afastados pela dor.

Durante a Segunda Guerra Mundial, um jovem padre vai à Itália para ajudar os soldados em combate e, em meio a tão violenta batalha, encontra o amor de sua vida, mas logo se vê obrigado a voltar para o Brasil a fim de tentar curar o ódio no seio de sua família.

Tomando conhecimento dessa história, vi-me imediatamente envolvido por ela. Foi quando, finalmente, percebi que muito havia a ser desvendado.

E, agora, vou contá-la a você!

idelivraria.com.br

Pratique o "Evangelho no Lar"

Aponte a câmera do celular e faça download do roteiro do **Evangelho no lar**

Ide editora é nome fantasia do Instituto de Difusão Espírita, entidade sem fins lucrativos.

ideeditora   ide.editora   ideeditora

◄◄ **DISTRIBUIÇÃO EXCLUSIVA** ►►

boanova editora

Av. Porto Ferreira, 1031 | Parque Iracema
CEP 15809-020 | Catanduva-SP
17 3531.4444   17 99257.5523

boanovaed
boanovaeditora
boanovaed
www.boanova.net
boanova@boanova.net

Fale pelo whatsapp

Acesse nossa loja